中共荣成市委党校教学和智库建设创新工程资助出

# 乡村振兴战略背景下的乡村治理研究

刘玲玲　于美丽　著

东北大学出版社

·沈　阳·

ⓒ 刘玲玲　于美丽　2023

**图书在版编目（CIP）数据**

乡村振兴战略背景下的乡村治理研究 / 刘玲玲，于美丽著. —沈阳：东北大学出版社，2023.9

ISBN 978-7-5517-3408-0

Ⅰ.①乡… Ⅱ.①刘… ②于… Ⅲ.①乡村—社会管理—研究—中国 Ⅳ.①D638

中国国家版本馆CIP数据核字（2023）第182364号

出　版　者：东北大学出版社
　　　　　　地址：沈阳市和平区文化路三号巷11号
　　　　　　邮编：110819
　　　　　　电话：024-83687331（市场部）　83680267（社务部）
　　　　　　传真：024-83680180（市场部）　83687332（社务部）
　　　　　　网址：http://www.neupress.com
　　　　　　E-mail:neuph@neupress.com
印　刷　者：沈阳市美图艺术印刷有限公司
发　行　者：东北大学出版社
幅面尺寸：170 mm × 240 mm
印　　张：13
字　　数：227 千字
出版时间：2023 年 9 月第 1 版
印刷时间：2023 年 9 月第 1 次印刷
策划编辑：杨世剑
责任编辑：周　朦　杨世剑
责任校对：张庆琼
封面设计：潘正一

ISBN 978-7-5517-3408-0　　　　　　　　　　定　价：65.00 元

# 前言

  乡村治，天下安，百姓稳。乡村是最基本的治理单元，是国家治理体系的神经末梢。乡村治理是国家治理的基石，乡村治理的成效关系到农村社会的和谐稳定和农村居民的生活质量、幸福指数，影响着党在农村的执政基础和国家治理的高度。随着城市化的发展，农村人口大量外流，村庄空心化、人口老龄化问题日益突出，乡村经济变革和社会变迁加速，原有价值观念、社会认同、行为方式发生巨变，各种矛盾冲突日益凸显，乡村治理面临一系列困境，传统治理模式亟待改变，创新乡村治理越来越成为党和国家工作的重要内容。

  乡村振兴是社会主义现代化建设的重大任务，是一场攻坚战、持久战、总体战。推进乡村振兴，是重要的政治任务、最大的民生工程。乡村振兴离不开治理有效。乡村治理是实现乡村振兴的重要基石，是实现乡村振兴的重要一环，是维护乡村社会秩序，化解矛盾纠纷，处理社会不安定因素，保障村民民主权利和合法权益，维护乡村社会平安稳定的必然要求。在乡村振兴战略背景下，乡村治理需要与时俱进，在应对问题与挑战中，不断摸索、实践、改革和创新，坚持党建引领，尊重农民主体地位，创新治理方式，促进乡村治理体系和治理能力的现代化发展，提升乡村治理效能，保障乡村充满活力、和谐有序。

本书围绕乡村振兴战略背景下的乡村治理展开研究，坚持问题导向，积极探索乡村治理新办法新路径，在厘清乡村振兴战略、乡村治理概念与内涵的基础上，重点探讨乡村振兴战略背景下的乡村旅游与乡村治理、乡风文明与乡村治理、党建引领乡村治理、乡村治理人才队伍建设、"三治融合"乡村治理体系和新型农村社区治理等内容，最后分析乡村振兴战略背景下荣成市在乡村治理方面的创新实践和工作亮点，以期为各地立足实际贯彻落实习近平新时代中国特色社会主义思想、有效促进乡村全面振兴提供有益借鉴和启示。

本书内容布局新颖、逻辑结构严密，注重理论与实践相结合，既有一定的理论价值、学术价值，又有重要的实践意义，是一本值得学习研究的专著。在本书写作过程中，著者得到了许多领导和专家学者的指导及帮助，在此表示诚挚的谢意。

由于著者水平有限，加之撰写时间仓促，本书中涉及的内容难免有疏漏之处，希望各位读者多提宝贵意见，以便进一步修改、完善。

**著 者**
2023年5月

# 目录

# 第一章 | 乡村振兴战略的基本内涵

2017年10月18日，习近平总书记在中国共产党第十九次全国代表大会上作报告，提出实施乡村振兴战略。党的十九大报告中指出，农业农村农民问题是关系国计民生的根本性问题，必须始终把解决好"三农"问题作为全党工作的重中之重。乡村振兴战略的实施，既立足中国社会发展阶段及乡村社会发展实际，又契合全面建设社会主义现代化国家、实现中华民族伟大复兴的战略部署，是实现全体人民共同富裕的必由之路，是中国特色社会主义优越性的具体体现。

从2017年党的十九大报告中提出乡村振兴战略，到目前已经实施了近6年多。近6年来，围绕"产业兴旺、生态宜居、乡风文明、治理有效、生活富裕"二十字方针和"产业振兴、人才振兴、文化振兴、生态振兴、组织振兴"五大抓手，国家出台了一系列加快推进乡村振兴的战略规划和政策举措，各地也相应制定了乡村振兴的工作规划和行动方案。

2017年12月召开的中央农村工作会议，还提出了实施乡村振兴战略的"三步走"方略：到2020年，乡村振兴取得重要进展，制度框架和政策体系基本形成；到2035年，乡村振兴取得决定性进展，农业农村现代化基本实现；到2050年，乡村全面振兴，农业强、农村美、农民富全面实现。"三步走"方略为我国乡村振兴战略制定了阶段性目标，表明我国乡村振兴战略是与国家现代化进程同步的战略，是需要循序渐进、长期实施的战略。

2020年打赢脱贫攻坚战、全面建成小康社会是我国乡村振兴战略取得重要进展的标志。在2020年12月召开的中央农村工作会议上，习近平总书记指出，脱贫攻坚取得胜利后，要全面推进乡村振兴，这是"三农"工作重心的历史性转移。2021年2月，国家乡村振兴局挂牌成立；同年3月，中共中央、国务院发布《关于实现巩固拓展脱贫攻坚成果同乡村振兴的有效衔接的意见》。党的二十大报告中提出要"全面推进乡村振兴"。"全面推进乡村振兴"是全域、全员、全方位的振兴，是对党的十九大报告中提出的"实施乡村振兴战略"的进一步发展，彰显出新时代新征程党中央在工农城乡关系布局上的高瞻远瞩和深远谋划，为不断推进乡村振兴、加快农业农村现代化进程指明了方向。

# 第一节　乡村振兴战略的逻辑理路

## 一、乡村振兴战略的理论渊源

乡村振兴战略的提出有着深厚的理论基础和思想来源，这一战略充分吸收了马克思主义关于农村发展的经典论述，继承了历代中央领导集体的农村发展思想，传承发展了我国传统农耕文化。

### （一）充分吸收了马克思主义关于农村发展的经典论述

乡村振兴战略坚持了马克思主义乡村发展思想的基本观点，是将马克思主义基本原理创造性地与中国乡村发展实际相结合的最新成果。

**1. 关于农业具有基础性地位的思想**

马克思指出："农业劳动是其他一切劳动得以独立存在的自然基础和前提。"这句话表明了农业的基础性地位。恩格斯在《家庭、私有制和国家的起源》一书中明确指出："农业是整个古代世界的决定性的生产部门，现在它更是这样了。"[①]在他看来，农业不仅是古代社会的基础，而且是一切社会的基础，农业基础地位理论适用于一切人类社会，这是人类社会发展的普遍规律。列宁在1906年12月发表的《无产阶级及其在俄国革命中的同盟者》中明确提出了"农业是俄国国民经济的基础"的著名论断。

**2. 关于城乡关系与城乡融合的思想**

城乡关系理论是马克思主义理论体系的重要组成部分。马克思、恩格斯从生产力与生产关系矛盾运动规律出发，揭示了城乡对立的根源，认为城乡关系将经历从城乡统一到城乡对立再到城乡融合的发展阶段，明确指出城乡

---

① 马克思，恩格斯.马克思恩格斯全集：第21卷［M］.北京：人民出版社，1965：169.

融合是城乡发展的必然趋势。在原始社会，满足人们生活需要的资料全部来自大自然的供给，不存在城乡差别。随着生产的发展、社会的分工，出现了工业、商业和农业，产生了城市和乡村的差别，出现了城乡对立。而想要使整个社会获得长足发展，人类社会最终必然由城乡分离走向城乡融合，这也是我国当前正在努力的方向。

### （二）继承了历代中央领导集体的农村发展思想

乡村振兴战略是在充分吸收历代中央领导集体有关农村发展思想的基础上，融入"共同富裕""强起来"等理念而形成的新农村发展战略思想。

**1. 毛泽东关于农业集体化、合作化思想**

毛泽东同志非常重视农民群众的力量，早在大革命时期，他就指出，"农民是中国无产阶级的最广大和最忠实的同盟军""农民问题乃国民革命的中心问题"。1936年，他在延安会见美国作家斯诺时提到，"谁赢得了农民，谁就会赢得了中国，谁解决土地问题，谁就会赢得农民"。新中国成立后，农业发展落后严重制约着我国经济社会的发展和人民生活的改善。毛泽东同志提出，一切工作以农业为基础，"农业是国民经济的基础"。他认为，解决农民问题的唯一途径，就是将农民组织起来，变个体经济为社会主义集体经济，实现共同富裕。他鼓励农民成立互助组织，积极推动合作化运动，领导开展农业社会主义改造，引导广大农民走上社会主义道路。毛泽东同志的农业集体化、合作化思想为新时代走好农业合作化道路、实现小农户与现代农业发展有机衔接，进而推动实现乡村振兴提供了基本思路。

**2. 邓小平关于农村改革发展的思想**

改革开放的大幕是从农村拉开的。邓小平同志从中国的实际出发，把调动农民的积极性作为思考农村和农业问题的基本出发点。他重视农业农村的基础地位，强调"农业是根本，不要忘掉"。在农业经营体制方面，提出实行家庭联产承包责任制，大力发展农业生产力，激发农民的生产积极性。随着改革开放的深入开展，他又提出了"两个飞跃"思想：第一个飞跃是废除人民公社，实行家庭联产承包为主的责任制；第二个飞跃是适应科学种田和生产社会化的需要，发展适度规模经营，发展集体经济。这一思想为进一步解决"三农"问题指明了方向。

**3. 江泽民、胡锦涛关于"三农"工作的重要论述**

江泽民同志继承了毛泽东同志、邓小平同志一贯重视农业的思想，要求切实把农业放在国民经济发展的首位。他提出，要坚持党的领导、统筹城乡发展、尊重农民的首创精神和调动农民的积极性，千方百计增加农民收入，按照建立社会主义市场经济体制的方向深化农村改革，坚持"科教兴农"、推进小城镇建设。

胡锦涛同志把解决好农业、农村和农民问题作为全党工作的重中之重，提出解决"三农"问题的根本出路在于城乡发展一体化，主张出台了许多强农惠农政策，如取消农业税、增加农民收入、缩小城乡发展差距、建立农村最低生活保障制度和新型农村社会养老保险等，要求调整农业农村经济结构，提高农产品的质量和效益，积极推进农业产业化经营，走市场化发展道路，提出扎实推进社会主义新农村建设，在科学发展观指导下统筹解决"三农"问题。

**4. 习近平关于"三农"工作的重要论述**

党的十八大以来，习近平总书记始终高度关注"三农"问题，不断推进"三农"工作理论创新，提出了一系列新理念新思想新战略。习近平总书记深刻阐明了新时代"三农"工作的历史方位和战略定位，强调"从中华民族伟大复兴战略全局看，民族要复兴，乡村必振兴"；坚持党对农村工作的全面领导，强调"办好农村的事情，实现乡村振兴，关键在党"；从政治和战略的高度看待粮食安全，把解决好吃饭问题作为治国理政的头等大事，强调"粮食安全是'国之大者'"；坚持精准扶贫方略，巩固拓展脱贫攻坚成果，走共同富裕道路；坚持把推进农业供给侧结构性改革作为主线，加快推进农业农村现代化；提出建设美丽乡村、构建乡村治理体系、深化农村改革等具体安排部署。这些重要论述指明了推进乡村振兴的重要性、必要性和实现路径，是对"三农"问题认识的进一步深化，是实施乡村振兴战略、做好新时代"三农"工作的理论指引、思想基础和基本遵循。

## （三）传承发展了我国传统农耕文化

中华民族拥有5000多年的历史，中华文化从未断流。我国作为世界农业的发源地之一，农耕文明与中华民族的形成和发展相伴而生。乡村振兴战略传承发展了传统农耕文化中重农、富民和重视乡贤文化的思想。

**1. 重农、富民思想**

我国历史上一直有着"重农"的传统，"以农为本"的理念是中国传统农耕文化的重要范畴，在中国古代意识形态领域长期处于支配地位，历朝历代的君王都将扶持农桑、发展农业生产作为首要政务。千年来，乡土情结蕴藏在中国人的血脉中，连接着每一个中国人，是中华农耕文明的载体。在我国传统文化中，"富民"思想是民本思想在经济上的体现，深刻影响着我国的政治价值取向。历史上，管仲最早提出"富民"是治国之道的思想，并阐述了富民与富国的关系。在富民思想影响下，历朝历代制定了各种各样的富民政策。例如，"强本"，即发展农业，视农业为本、商业为末；"节用"，即主张个人消费要节约、统治者要节约；"薄敛"，即轻徭薄税、涵养民生；等等。

**2. 重视乡贤文化**

在我国漫长的历史进程中，一些在乡村社会建设、风习教化、乡里公共事务中贡献力量的乡绅，被称为"乡贤"。中国古代对乡贤群体历来十分看重，认为乡贤是古代乡村社会的主导者，并由此形成了乡贤文化。广袤的乡村不仅承载着农村生活和农业生产，而且是中华优秀传统文化生长的沃土和摇篮。乡贤文化作为连接故土、维系乡情的精神纽带，也是中国传统农耕文化的重要组成部分。

## 二、乡村振兴战略的现实基础

乡村的地位、作用和发展现实既是乡村振兴战略的逻辑起点，也是乡村振兴战略的实践起点。新时代我国乡村社会发展现状、"三农"的重要性及世界百年未有之大变局下构建以乡村为重要载体的双循环体系，是我国提出、实施和不断推进乡村振兴战略的现实基础。

### （一）立足中国国情和新时代主要矛盾的变化

改革开放40多年来，我国发生了翻天覆地的变化，经济社会发展取得显著成果，人民群众的生活水平不断提升，国际地位不断提高。党的十九大报告中明确指出，中国特色社会主义进入新时代，我国社会主要矛盾已经转化为人民日益增长的美好生活需要和不平衡不充分的发展之间的矛盾。也就是说，随着发展的深入和现代化建设的推进，我国经济社会发展不平衡不充分的问题日益凸显，而这种不平衡不充分主要表现为城乡发展不平衡、农村发展不充分。

长期以来，在城市强大的虹吸效应下，各种要素向城市集中，越来越多的年轻人从农村走向城市。与城市相对比，乡村发展要素不足、基础设施和资源短缺、公共服务水平低下、人才流失严重、发展速度和发展水平远远滞后，由此造成城乡之间的发展差距越来越大，"三农"问题越来越成为现代化建设的洼地和短板。为推动农业农村发展，顺应亿万农民对美好生活的向往，党和国家审时度势，准确把握社会发展脉搏，及时调整国家发展战略部署，紧紧抓住社会主要矛盾的主要方面，将乡村振兴战略纳入国家战略体系。这一重大战略部署既是中国社会当前发展的实然，也是全面建设社会主义现代化国家的应然。

### （二）立足"三农"的重要压舱石作用

"三农"是经济社会发展的压舱石。改革开放40多年来，我国之所以一方面能积极主动并充分地融入世界经济全球化大潮，实现经济快速发展；另一方面能从容稳妥地应对前进道路上的各种风险挑战，保持社会长期稳定，其中一个重要的原因就是稳住了"三农"压舱石。

我国农村人口众多，劳动力数量庞大，伴随工业化、城镇化的加速推进，越来越多的农村富余劳动人口逐渐朝非农产业和城镇转移，大量农民工在城乡之间亦工亦农、流动就业。历史经验表明，经济一有波动，这些农民工首当其冲会受到影响。例如2008年爆发的国际金融危机，以及2019年突发的新型冠状病毒感染疫情，都对世界经济发展造成巨大冲击，也对我国经济发展造成重大影响，数以万计的农民工因此失业。如此大规模的人口失业，却并没有引发社会失序和动荡，原因何在？根本原因在于进城务工的农民没有失去农村土地承包权。土地是农民生活的最基本保障，是农村稳定的基础。只要有土地作为后盾，再加上党和国家持续加大对"三农"的投入，农村农业发展势头良好，就能为失业返乡农民工提供最基本的生活保障。由此，农村农民既可进城务工获取收入，失业后又可返回农村获得生活保障，在城乡之间进退有据，从而能够有效化解危机可能诱发的社会震荡。对此，习近平总书记这样总结："这就是中国城镇化道路的特色，也是我们应对风险挑战的回旋余地和特殊优势。"他强调："应对风险挑战，不仅要稳住农业这一块，还要稳住农村这一头"，特别是要加快推进农业农村现代化，使农村成为中国应对风险挑战最重要、最基本的缓冲空间，发挥其在中国式现代化进程中的稳定器与蓄水池作用。因此，实施乡村振兴战略是在新时代加快推进城镇化进程中，应对国内外各种风险挑战、保持经济社会稳定发展的必然选择。

### （三）立足应对世界百年未有之大变局的需要

世界百年未有之大变局，是以习近平同志为核心的党中央科学把握全球发展大势、深刻洞察世界格局变化做出的重大判断，对推进新时代党和国家事业发展具有重大而深远的意义。为应对世界百年未有之大变局，把握发展主动权，党的十九届五中全会提出"构建以国内大循环为主体、国内国际双循环相互促进的新发展格局"。从国内大循环与国内国际双循环的关系看，国内大循环是基础，其重点是扩大内需，"以国内大循环为主体"就是要坚定实施扩大内需，把满足国内需求作为经济发展的出发点和落脚点。而广大农村是有潜力的消费市场，是扩大内需的重要依托力量。因此，习近平总书记强调，"把战略基点放在扩大内需上，农村有巨大空间，可以大有作为"。一方面，几亿农民同步迈向全面现代化，能够释放出巨量的消费和投资需求。实施乡村振兴战略既需要加强农村基础设施和公共服务体系建设，又能够不断促进农民增收致富，从而推动乡村这一潜在的巨大消费投资市场不断被激发，使其成为扩大内需、促进消费稳定增长的重要着力点。另一方面，畅通城乡经济循环是构建国内大循环的题中应有之义，也是确保国内国际双循环比例关系健康的关键因素。实施乡村振兴战略，有效促进城乡之间资源要素的顺畅流动、推动城乡融合，能够为国内大循环源源不断地注入新的动力。因此，乡村振兴是贯彻扩大内需战略的重要支撑，是国内大循环战略的重要载体，是构建双循环体系的坚实保障。

## 第二节 乡村振兴战略的主要内容

乡村振兴战略是党的十九大报告中首次提出的战略，并作为七大战略（科教兴国战略、人才强国战略、创新驱动发展战略、乡村振兴战略、区域协调发展战略、可持续发展战略、军民融合发展战略）之一写入《中国共产党章程》。

## 一、乡村振兴战略的总目标

实施乡村振兴战略的总目标是农业农村现代化。农业农村现代化是国家现代化的基础和支撑。农业农村现代化总目标的提出，不仅丰富和扩展了"五位一体"总体布局的科学内涵，而且针对建成社会主义现代化强国的要求做出了新时代的战略部署。

农业农村现代化并不是农业现代化与农村现代化内容的简单叠加，是由二者耦合而成的互有联系、彼此促进、相互交融的有机整体。在乡村振兴和农业农村现代化的辩证关系中，乡村振兴是举措、是过程，农业农村现代化是目标、是结果。只有坚持"走中国特色社会主义乡村振兴道路，让农业成为有奔头的产业，让农民成为有吸引力的职业，让农村成为安居乐业的美丽家园"，才能早日实现"农业强、农村美、农民富"的全面乡村振兴，努力开创农业农村现代化发展新局面。

## 二、乡村振兴战略的总方针

乡村振兴战略的总方针是坚持农业农村优先发展。坚持这个总方针，就要始终把解决好"三农"问题作为全党工作的重中之重。坚持农业农村优先发展，既是增强城乡发展协调性的内在要求，也是加快补齐农业农村短板的重要准则，还是基于"三农"工作历史经验和确保经济持续健康发展、社会大局稳定的重要战略选择。

### （一）优先发展

所谓优先发展，是指将其摆在最重要的、首要的位置，优先给予资金、人才、设施、政策等方面的支持和保障，优先满足其发展需要。党的十九大报告中提出了三个领域的优先发展，即教育、就业和农业农村。这三个领域都是我们发展中相对欠缺的地方。

### （二）农业优先发展

强国必先强农，农强方能国强。可见，农业是国民经济发展的基础。其中，粮食生产更是基础中的基础。粮食是关系国家经济安全的重要战略物资，是国家安全之基，没有粮食安全，就没有国家安全。

### （三）农村优先发展

农业在国民经济中的基础地位，决定了农村在国家发展中占据极其重要的地位。"农村稳则中国稳、农村富则中国富"，无论是中国革命还是改革开放，都是从农村开始的，中国式现代化的实现，同样离不开农村现代化。

## 三、乡村振兴战略的总要求

乡村振兴战略的总要求是产业兴旺、生态宜居、乡风文明、治理有效、生活富裕，如图1-1所示。乡村振兴战略是社会主义新农村建设的升华版。从"生产发展、生活宽裕、乡风文明、村容整洁、管理民主"的社会主义新农村建设总要求，变为"产业兴旺、生态宜居、乡风文明、治理有效、生活富裕"的乡村振兴总要求，还是二十个字，但内涵得到了进一步的丰富和发展。

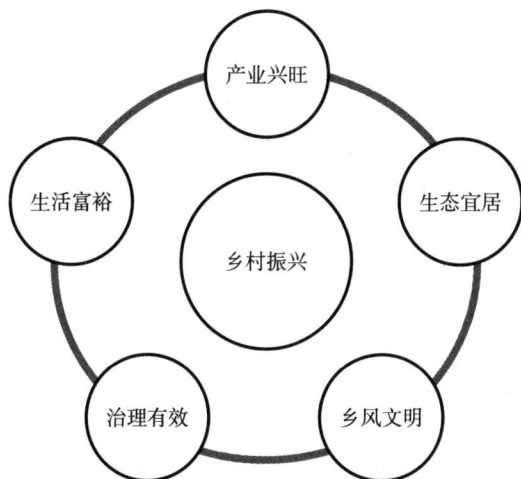

**图1-1　乡村振兴战略的总要求**

乡村振兴战略的总要求深刻反映了新时代农业农村发展的新阶段、农民群众的新期待，系统回答了乡村振兴要达到什么样的水平、怎么样达到这样的水平等一系列问题，是实施乡村振兴战略过程中开展各项工作的重要遵循。乡村振兴战略的总要求管全面、管长远、管根本，是乡村振兴战略的精髓。

## （一）乡村振兴战略总要求的内容

### 1."产业兴旺"是乡村振兴的经济基础

"产业兴旺"处于乡村振兴战略总要求的首位。产业兴旺是解决农村一切问题的前提，是乡村可持续发展的重要保证，是乡村全面振兴的物质基础和关键。只有产业兴旺了，农民才能有好的就业、高的收入，农村才有生机和活力，乡村振兴才有强大的物质基础。各地的乡村振兴实践结果表明，乡村振兴搞得好的地方，往往都有坚实的产业振兴做支撑。乡村产业发展的类型是丰富多样的，如各种现代种植业、养殖业，丰富多彩的乡村手工业，农产品加工业和流通业，乡村休闲旅游业，乡村新兴服务业，乡村建筑产业，乡村环保产业，等等。乡村产业的经营主体也是多元的，既有传统农户和集体经济组织，也有专业大户、家庭农场、农民合作社、农业产业化龙头企业等新型农业经营主体。从农民自身需求出发，促进多种生产经营活动一并推进，是农村产业繁荣的重要特征。推进产业兴旺，要紧紧围绕促进产业发展，构建彰显地域特色、体现乡村气息、承载乡村价值、适应现代需要的现代乡村产业体系，让农业经营有效益，真正成为有奔头、有前途的产业。

### 2."生态宜居"是乡村振兴的环境基础

生态文明建设是关系中华民族永续发展的千年大计。良好的生态环境是农村的最大优势和宝贵财富，生态文明建设作为支持现代化建设的重要组成部分，能为产业的发展提供建设基础，为农民群体提供更加宜居的生存环境，为文化等产业的开展提供自然资源等发展基础，对农业、农村经济发展有重要影响。现在不少城里人之所以向往农村，就是因为在那里可以感受到山清水秀、天蓝地绿、村美人和，可以缅怀乡愁的味道。坚持人与自然和谐共生，走乡村绿色发展之路，守住生态保护"红线"，让良好生态成为乡村振兴的支撑点，让生态美起来、环境靓起来，着力呈现山清水秀、天蓝地绿、村美人和的田园风光、美丽画卷，是新时代打造生态宜居美丽乡村的总要求。要牢固树立和践行"绿水青山就是金山银山"理念，加快推行乡村绿色发展方式和生活方式，不断增加农业生态产品和服务供给，让良好生态成为永不枯萎的"摇钱树"。

### 3."乡风文明"是乡村振兴的文化基础

乡村振兴，既要塑形，更要铸魂；既要看农民口袋里的票子有多少，更要看农民的精神风貌怎么样。乡风代表乡村的特质，建设文明乡风，旨在推进乡村精神文明建设。我国农村地区传统文化很大程度上是乡土文化，需要社会各界共同努力来唤醒文明乡风。将培育文明乡风作为乡村振兴的紧迫任务，通过在乡村地区推行移风易俗，弘扬传统美德和社会主义先进文化，修筑文化设施并举办多样化的文化活动等措施，一方面能提高民众的思想道德观念和文化素养，提升农民的精气神，继而激发农民参与乡村振兴的积极性，推动乡村振兴目标的实现；另一方面能培育积极健康的社会风气，减少农民的不良习俗习惯，为构建和谐社会提供良好的文化环境氛围，为乡村建设提供一个和谐有序的社会运行环境。要促进物质变精神、精神变物质，坚持物质文明和精神文明一起抓，大力推进新时代文明实践中心建设，因地制宜地推进移风易俗，保护和传承农村优秀传统文化，培育文明乡风、良好家风、淳朴民风，不断改善农民的精神风貌，提高乡村社会的文明程度。要通过社会主义文化建设，弘扬现代主流思想和良好精神品质，积极投身于乡村振兴战略建设工作。

### 4. "治理有效"是乡村振兴的社会基础

"治理有效"作为推动乡村振兴的保障性要素，在诸因素中起着举足轻重的作用。乡村振兴，治理有效是基础和根基。有效的乡村治理有助于促进社会的现代化转型，激发群众的自治力量，协调基层群众中的矛盾冲突，提升乡村振兴的活力和综合效益。城乡差距的具体表现之一就是乡村地区的治理情况相对落后，而要实现乡村全面振兴，离不开治理水平的提升。加快推进乡村治理体系和治理能力现代化，是实现乡村振兴的必由之路。我们党是以农村包围城市取得革命胜利的，今天，乡村治理仍然事关党的执政基础、国家治理体系和治理能力现代化。因此，必须把夯实基层基础作为固本之策，强化农村基层党组织领导作用，健全自治、法治、德治相结合的乡村治理体系，健全共建共治共享的社会治理制度，确保乡村社会充满活力、和谐有序。

### 5. "生活富裕"是乡村振兴的民生目标

社会主义的本质是解放生产力，发展生产力，消灭剥削，消除两极分化，最终达到共同富裕。乡村振兴战略将生活富裕作为目标要求，正是对社会主义本质的具体体现。乡村振兴的关键是提高农民收入、让农民过上好日子。乡村振兴的目的在于消除农村存在的贫困问题，提升农村居民的民生保障水平，实现全体人民共同富裕。乡村振兴战略的实施效果应由农民的富裕水平来评估。农民没有富裕起来，乡村振兴就是一句空话。巩固拓展脱贫攻坚成果，有机衔接乡村振兴，要发展新型农村集体经济，做大农村"蛋糕"，努力保持农民收入快速增长，不断降低农村居民恩格尔系数，不断缩小城乡居民贫富差距，不断提高农村社会保障水平，使亿万农民和全国人民一道朝着共同富裕的目标稳步前进。

### （二）乡村振兴战略总要求的相互关系

乡村振兴战略总要求的五个方面是相互联系的有机整体，其中任一要求都与其他要求相互关联、相互影响。当前的乡村振兴战略发展目标应立足于全面推进农村发展，从五个方面协同发力。

**1. 产业兴旺和生态宜居**

产业兴旺与生态宜居相互依存。通过发展兴旺的农村产业，可以提供更多的就业机会和经济收入，促进农民脱贫致富。同时，保护和修复生态环境有助于提供可持续的资源保障和良好的生产条件，推动农业可持续发展。

**2. 产业兴旺和生活富裕**

产业兴旺是实现农村居民生活富裕的基础。通过发展多元化、高效益的农村产业，可以提高农民的收入水平，改善他们的生活条件和生活质量。

**3. 乡风文明和治理有效**

乡风文明和治理有效是相互促进的。培育良好的乡风文明，注重社会公德、家庭美德和个人品德的培养，可以促进农村社会的和谐稳定和培育良好的社会风气。同时，有效的农村治理体系和机制可以为乡风文明的建设提供保障，提升社会治理和公共服务水平。

**4. 生态宜居和治理有效**

生态宜居和治理有效相互关联。通过有效的治理措施和机制，可以提升农村环境的质量，保护生态系统的稳定和健康。同时，良好的生态环境也为有效的农村治理提供了基础，有助于提高治理效能。

**5. 生活富裕和乡风文明**

生活富裕和乡风文明相互促进。提高农民的生活水平和收入，可以促进乡风文明的发展，增强农民的文化修养和道德素质。同时，培育良好的乡风文明也有助于促进农村居民的创业创新和经济发展，从而实现生活富裕。

综上所述，乡村振兴战略总要求之间存在紧密的相互关系，通过协同推进，可以推进农村经济社会的全面发展，实现农民向往的美好生活。产业兴旺为生活富裕提供物质基础，生活富裕则为乡风文明提供条件和动力；治理有效为产业兴旺和生态宜居提供保障，同时良好的生态环境和乡风文明是治理有效的重要目标和结果。因此，这五大要求相互依存、相互促进，共同构建起乡村振兴的综合发展格局。

## 四、乡村振兴战略的核心：实现"五个振兴"

习近平总书记强调，实施乡村振兴战略是一篇大文章，要统筹谋划、科学推进，并明确提出"五个振兴"的科学论断，即乡村产业振兴、乡村人才振兴、乡村文化振兴、乡村生态振兴、乡村组织振兴。

乡村振兴说到底就是"五个振兴"齐抓并进。五个方面的振兴相互联系、相互作用、相互促进，共同构成乡村振兴的宏伟蓝图，必须以系统观念协调推进，抓住重点，补齐短板，少了任何一项内容、一个环节，乡村振兴都会大打折扣。"五个振兴"与产业兴旺、生态宜居、乡风文明、治理有效、生活富裕的乡村振兴总要求一脉相承、互为表里，是不可分割的有机体，是实施乡村振兴战略的具体抓手和根本遵循。

### （一）产业振兴是基础

产业振兴是乡村振兴的重中之重，产业兴旺是解决农村一切问题的前提。只有紧紧围绕现代农业发展，确保国家粮食安全，构建乡村产业体系，推进农业由增产导向转向提质导向，才能提高农民生活水平、全面推进乡村经济社会稳步向前，让人才振兴有保障、文化振兴有资金、生态振兴有底气、组织振兴有抓手。2023年中央一号文件中明确提出"推动乡村产业高质量发展"。因此，要开发农业多元价值，促进一二三产业融合发展；要强龙头、补链条、兴业态、树品牌，积极构建现代乡村产业体系，推动乡村产业全链条升级，推进农业由增产导向转向提质导向；要发掘土特产品价值，把特色产品发展为特色产业。

### （二）人才振兴是关键

"千秋基业，人才为先"，人才是引领发展的第一动力。产业、组织、文化、生态振兴都需要人才振兴来推动，乡村振兴离不开乡村人才的支撑。只有汇集各方面人才，加快培育新型农业经营主体，把一批政治强、素质好、懂农村、爱农业、会技术的人才充实到产业发展、生态保护、文化传播、组织建设之中，才能避免"巧妇难为无米之炊"的尴尬。进入全面推进乡村振兴新阶段，人才在乡村高质量发展中的地位和作用更加凸显。因此，要把人力资本开发摆在首要位置，创新人才引进方式，加快培养农业生产经营人才、农村二三产业发展人才、乡村公共服务人才、乡村治理人才、农业农村科技人才；要实行积极有效的人才政策，构建人才施展才华的舞台，让愿意留在乡村、建设家乡的人留得安心，让愿意上山下乡、回报乡村的人更有信心，激励各类人才在农村广阔天地大施所能、大展才华、大显身手。

### （三）文化振兴是灵魂

文化是一个国家、一个民族的灵魂，文化自信是一个国家、一个民族发展中最基本、最深沉、最持久的力量。乡村文化是中华文明的根，其兴衰起落不仅关系到乡村的兴衰，更关系到中华民族的兴衰。乡村文化振兴具有润泽人心、德化人心、凝聚人心的实践价值，能够为其他方面的振兴固本铸魂、凝神聚气。习近平总书记指出："乡村振兴，既要塑形，也要铸魂。没有乡村文化的高度自信，没有乡村文化的繁荣发展，就难以实现乡村振兴的伟大使命。"推动乡村文化振兴，要坚持以社会主义核心价值观为引领，弘扬主旋律和社会正气；要深入挖掘优秀传统农耕文化蕴含的思想观念、人文精神、道德规范，进一步挖掘培养乡土文化人才；要加强农村思想道德建设和公共文化建设，引导广大农民讲文明、树新风，通过系列文化活动的开展，培育文明乡风、良好家风、淳朴民风，改善农民精神风貌，提高乡村社会文明程度，焕发乡村文明新气象。

### （四）生态振兴是支撑

"绿水青山就是金山银山"，保护生态环境就是保护生产力，良好生态是乡村振兴的最大优势和宝贵财富。生态振兴是实现产业、人才、文化、组织振兴的重要支撑和不竭动力，乡村美不美，关系到广大农村群众的幸福感、获得感，没有宜居的乡村生态，乡村振兴就是一句空话。近年来，很多地方坚持人与自然和谐共生，发挥乡村生态优势，践行"两山"理念，通过发展乡村旅游、特色文创等有效推动了经济发展，同时辐射带动了组织建设，吸引了优秀人才，繁荣了乡村文化，走出了以绿色发展引领乡村振兴的成功之路。新征程上，要引导全社会支持和广泛参与，持之以恒推进乡村生态振兴，打造宜居宜业的美丽家园，为全面推进乡村振兴、建设和美乡村提供持久动力。

### （五）组织振兴是保障

"火车跑得快，全靠车头带。"全面推进乡村振兴，组织振兴是保障。乡村振兴任务艰巨、工作繁重，必须持续发挥党的政治优势、组织优势和密切联系群众优势。基层党组织是党全部工作和战斗力的基础，乡村振兴离不开基层党组织的坚强领导。因此，要加强村级党组织建设，培养千千万万名优秀的农村基层党支部书记，完善村民自治制度，发展农民合作经济组织，建立健全党委领导、政府负责、社会协同、公众参与、法治保障、科技支撑的现代乡村社会治理体制，为产业振兴、人才振兴、文化振兴、生态振兴提供坚强的组织保障。

## 第三节 实施乡村振兴战略的重要意义

"农为邦本，本固邦宁。"农业农村农民问题是关系国计民生的根本性问题，实施乡村振兴战略是以习近平同志为核心的党中央对"三农"工作做出的重大决策部署，是新时代做好"三农"工作的总抓手，是实现"两个一百年"奋斗目标和中华民族伟大复兴中国梦的必然要求，具有重大现实意义和深远历史意义。

### 一、实施乡村振兴战略是全面建设社会主义现代化国家的关键所在

在全面建成小康社会、实现第一个百年奋斗目标之后，我们乘势而上，开启了全面建设社会主义现代化国家新征程，向着第二个百年奋斗目标进军。同时，"三农"工作重心也从脱贫攻坚转向全面推进乡村振兴，站在了新的起点上。党的二十大报告中指出，全面建设社会主义现代化国家，最艰

巨最繁重的任务仍然在农村。没有农业农村的现代化，就没有整个国家的现代化。纵观世界各国，其现代化进程都与农业农村发展相伴随，对我国而言，农业农村现代化的作用更为突出。一是我国农村人口众多，即使基本实现城镇化，仍将有4亿左右人口生活在农村。二是大国小农、人多地少，确保粮食安全和重要农产品供应始终是头等大事。三是发展不平衡不充分，地区、城乡差异大。

经过改革开放40多年的发展，我国取得了举世瞩目的历史性成就，工业现代化水平已经在世界上处于前列，与发达国家的差距明显缩小，但农业现代化水平仍然比较低。虽然党和国家一直重视农业，尤其是近年来不断加大对农业和农村的投入力度，扎实推进乡村振兴，并取得了阶段性重大成就，农业农村面貌明显改善。但由于种种局限性，我国乡村的发展仍远不及发达国家。在未来的现代化发展进程中，如何处理好工农关系、城乡关系，缩小我国农业农村与发达国家的差距，使我国农业农村发展达到甚至超越世界先进水平，在一定程度上决定着现代化的成败。当前，我国总体上已经进入以工促农、以城带乡的发展阶段，只有不断补齐"三农"短板，缩小城乡差距，才能实现整个国家的现代化。因此，实施乡村振兴战略是全面建设社会主义现代化国家的重大历史任务和关键所在。

## 二、实施乡村振兴战略是实现中华民族伟大复兴的重大任务

中国自古以来都是具有深厚农耕文明基础的农业大国，农业是民之所需，是立国之基。乡村是中华文化发祥地，是中华民族赓续发展和中华文明生生不息的根脉，是中国特色社会主义事业发展的基础。"三农"问题关于党的根本宗旨，内嵌着我们党一贯的初心和使命。实施乡村振兴战略，是以习近平同志为核心的党中央着眼中华民族伟大复兴战略全局做出的重大决策部署，充分反映了人民的期盼、时代的呼唤、发展的必然。实现中华民族伟大复兴，必须实现中国强、中国美、中国富，其前提是要农业强、农村美、农村富，必须稳住农业基本盘，坚持农业农村优先发展，持续扎实做好"三农"工作，补齐"三农"短板，全面推进乡村振兴。

习近平总书记强调："民族要复兴，乡村必振兴。进入实现第二个百年奋斗目标新征程，'三农'工作重心已历史性转向全面推进乡村振兴，这是

中华民族伟大复兴的基石。"全面推进乡村振兴是实现中华民族伟大复兴的重要板块，也是实现中华民族伟大复兴的应有之义。当前我国农村正处于从传统到现代的嬗变，经受着凤凰涅槃、破解重生带来的前所未有的"阵痛"。全面推进乡村振兴，激活乡村发展新动能，促进乡村"蝶变"升级，将为中华民族伟大复兴打下坚实基础。

### 三、实施乡村振兴战略是实现全体人民共同富裕的必由之路

共同富裕是中华民族千百年来的梦想，是社会主义的本质要求，是中国共产党矢志不渝的奋斗目标。全面建成小康社会之后，持续推进共同富裕，是全面建成社会主义现代化国家的必然要求。共同富裕不是少数人的共同富裕，也不是少数地区的共同富裕，而是全体人民的共同富裕。促进共同富裕，最艰巨、最繁重的任务仍然在农村。

一方面，从体量来看，中国是一个传统的农业大国，农村人口众多，任何时候都不能忽视农业、漠视农村、忘记农民。2022年，尽管全国常住人口城镇化率已经达到65.22%，但由于人口基数大，农村人口仍然有4.91亿。如果巨量的农村人口没有实现现代化，农村居民没有进入富裕阶段，那么全体人民共同富裕就是一句空话。

另一方面，从发展情况来看，中国共产党从成立之日起就始终将"三农"问题作为革命和建设的首要问题。新中国发展至今，乡村在发展中一步步走向繁荣，实现了旧貌换新颜，但在我国现代化建设进程中，乡村发展仍旧处于薄弱地位，在共同富裕的道路上，"三农"问题仍是短板，不补齐这一短板，全体人民共同富裕便无从谈起。因此，必须以乡村振兴促进农民农村共同富裕，进而实现全体人民共同富裕。实践中，必须把共同富裕的本质要求嵌入乡村振兴战略的重大决策部署，统筹推进乡村振兴与共同富裕。

### 四、实施乡村振兴战略是健全现代社会治理格局的固本之策

社会治理的基础在基层，薄弱环节在乡村。乡村振兴，治理有效是基础。实现乡村有效治理，乡村振兴是重要支撑。乡村振兴是事关我国乡村事业发展的重要战略，属于一个全面的发展体系。这一体系的内容非常丰富，

既包括传统的经济与产业发展，又包括目前普遍关注的人才兴旺、组织振兴、生态宜居等。党的十九大报告中提出的乡村振兴战略，特别是"产业兴旺、生态宜居、乡风文明、治理有效、生活富裕"的战略总要求，是对新时代我国乡村发展的重要解读。在这一战略指导下，我国乡村发展中一些不好的方面能够得到有效治理，从而实现乡村发展的重要目标。

首先，乡村治理目标的实现需要乡村振兴战略的支持。乡村治理目标主要包括近期目标、中期目标与远期目标三个方面，其中还包括经济发展、社会进步、环境治理等具体目标。无论如何，这些目标的实现都要以乡村振兴战略的实施为前提，以乡村振兴战略为强力支撑。只有这样，才能实现乡村有效治理的目标，促进我国乡村的健康发展。

其次，乡村有效治理目标的实现需要乡村振兴战略作为坚实的基础和保障。乡村有效治理的重要标志是实现自治、法治、德治的有机结合，而乡村自治、法治、德治水平的提高，也都要以乡村振兴战略为基本前提。离开了乡村振兴战略，乡村治理的效果就会大打折扣，难以实现乡村事业的全面健康发展。加强农村基层基础工作，健全自治、法治、德治相结合的乡村治理体系，确保广大农民安居乐业、农村社会安定有序，有利于健全共建共治共享的现代社会治理制度，推进国家治理体系和治理能力现代化。

# 第二章 | 乡村振兴战略背景下的乡村治理

　　"郡县治，天下安；乡村治，郡县稳。"自古以来，没有乡村的稳定与善治，就没有国家的长治久安。乡村治理是最基层的社会治理，是国家治理的重要基础。乡村治理抓好了，可以凝心聚力，稳住农村这个战略后院；反之，可能导致人心离散，甚至激发矛盾，引发社会不满。乡村治理的成效关系到乡村社会的稳定与和谐发展，关系到乡村振兴的质量与成色，也关系到整个国家治理体系和治理能力现代化水平的提升。

　　党的十九大报告中明确提出，乡村振兴战略的总要求是"产业兴旺、生态宜居、乡风文明、治理有效、生活富裕"。可见，"治理有效"是整个乡村振兴战略的内在要求与重要保障。2019年6月，中共中央办公厅、国务院办公厅印发了《关于加强和改进乡村治理的指导意见》，对乡村治理进行了国家层面的顶层设计和布局。2021年6月1日起实施的《中华人民共和国乡村振兴促进法》第四十一条明确指出要"建设充满活力、和谐有序的善治乡村"。

　　在全面推进乡村振兴的新征程上，越是处于关键时期，面临的外部环境越错综复杂，确保改革发展稳定的任务越艰巨繁重，乡村治理的重要性越是凸显。推进乡村治理体系和治理能力现代化是一个系统工程，需要产业、文化、组织、人才、结构、体制等全方位的高度配套与全面提升。习近平总书记指出："要加强和创新乡村治理，建立健全党委领导、政府负责、社会协同、公众参与、法治保障的现代乡村社会治理体制，健全自治、法治、德治相结合的乡村治理体系，让农村社会既充满活力又和谐有序。"①

---

　　①《求是》杂志编辑部. 新时代新征程加快建设农业强国的战略部署［EB/OL］.（2023-03-15）［2023-04-12］. qstheory.cn/dukan/qs/2023-03/15/c_1129432317.htm.

# 第一节　乡村治理的概念界定

近年来，乡村治理概念范畴具有泛化趋势，即与乡村社会相关的问题似乎都可以概括为乡村治理问题。但过于泛化地理解和讨论乡村治理问题，不利于乡村治理理论的深入研究和乡村治理能力的提升。加强乡村治理、推进乡村治理体系和治理能力现代化，首先要把握其内涵本质和核心内容。

## 一、治理

"治理"是一个古老的词语。在我国传统文化中，治理一词有两种含义：一是管理、统治或被管理、被统治，如治国理民；二是处理、整修，如治理河道。中国历代都讲治理，积累了丰富的国家治理思想，也留下了很多成功的实践经验。在西方，治理一词源于古希腊，具有控制、引导和操纵之意。

20世纪90年代，西方学者赋予"治理"新的含义，将其与"统治"和"管理"区分来。在西方现代治理理论中，治理是一个内容丰富、包容性很强的概念，强调的是多元主体管理，民主、参与式、互动式管理，治理的主体未必是政府，也无须国家的强力支撑。与此同时，西方治理概念被引入中国，在国内学术界引起广泛关注和研究。学者对具有传统文化底蕴的"治理"一词进行了新的诠释，以分析改革开放以来我国的制度建设实践，兴起了关于治理的理论和话语创新，"治理"由此成为学术话语体系中的热词。

党的十八届三中全会通过的《中共中央关于全面深化改革若干重大问题的决定》中指出："全面深化改革的总目标是完善和发展中国特色社会主义制度，推进国家治理体系和治理能力现代化"，首次提出了"国家治理体系"和"治理能力"的概念。

吸收现代治理理论和本土化研究成果,可对治理的概念做出这样的界定：所谓治理，就是指组织（包括国家）基于多元主体参与协商、以善治为目标、采用现代化方式所进行的共治性管理活动。简而言之，多元主体协商共治就是治理。

从传统"管理"到现代"治理"的跨越，虽然只是一字之差，却是治国理政总模式（包括权力配置和行为方式）的一种深刻的转变。治理的核心在于多方参与，其基本特征可概括为以下三个方面。

一是共治性，即多元主体参与协商。就国家治理而言，是政党、政府、社会、公众"四位一体"共同参与；就家庭治理而言，是家庭成员共同参与。

二是善治性，即以善治为目标。在多元主体合作治理的基础上，实现以追求国家或组织的公共利益最大化为目标。

三是现代性，即现代化的治理方式。其具体体现为制度化、民主化、法治化、科学化、规范、有效、有限、开放、透明、协商、参与等特征。

习近平总书记深刻地指出："治理和管理一字之差，体现的是系统治理、依法治理、源头治理、综合施策。"从管理到治理，意味着我们从过去的一元单向治理向多元交互共治转变，意味着我们不再走人治的老路而真正走上一条法治的道路。

## 二、乡村治理

乡村治理是国家治理的重要方面。在研究乡村问题、实施乡村振兴战略过程中，乡村治理是一个重要的热点词汇。但对于乡村治理的概念界定，学术界百家争鸣，目前并没有形成统一的认识。1998年，由徐勇教授领携的华中师范大学中国农村问题研究中心结合中国"三农"问题实际，首次将"治理"理论引入乡村问题，提出了"乡村治理"的概念。

综合当前学术界的观点，本书将乡村治理的概念界定为：以村民自治为基础，包括政府、市场等利益相关者共同参与乡村事务的组织和管理方式。从词语结构来说，乡村治理由乡村和治理两个关键词复合有机构成。乡村是中国广大农村地区最基层的社会场域，治理是指对私人事务之外公共事务的管理。因此，乡村治理可以看作在乡村社会的场域下，在一定制度架构下，国家权力主体、村庄自治主体以及利益相关主体，依据国家法律和村规民约对乡村社会的公共事务进行管理的过程。其目的是推动乡村政治民主、经济发展、社会进步、生态良好，实现乡村社会和谐，促进城乡融合发展。

就本质而言，乡村治理有着两方面的内涵，一是关于乡村秩序，二是关于乡村发展，即秩序与发展。乡村秩序治理主要指应对处理乡村社会矛盾纠纷问题，维护乡村社会正常有序运行；乡村发展治理主要指动员乡村力量和资源，促进乡村经济社会发展。

乡村治理作为我国当前社会治理的短板，在一定程度上影响着国家治理的整体水平与国家治理现代化的进程。"治理有效"作为乡村振兴战略五大要求之一，是产业兴旺、乡风文明、生态宜居和生活富裕的基础和前提，是乡村振兴战略的重要组成部分，直接关系到乡村振兴战略目标的实现。在全面实施乡村振兴战略过程中，必须围绕乡村振兴战略总要求，加强乡村社会治理，全面优化各项治理措施，提升治理效能，推动农村产业经济、人居环境、基础设施、乡村文化、治理体系等全方位发展，增强农民的主人翁意识和幸福感、获得感。

# 第二节　乡村治理的多元主体

开展乡村治理，首先要弄清谁来治理，即明确乡村治理的主体及其责任。　现代社会治理格局强调多个主体共同参与，形成社会治理人人有责、人人尽责、人人享有的局面。党的十九届四中全会指出，必须加强和创新社会治理，完善党委领导、政府负责、民主协商、社会协同、公众参与、法治保障、科技支撑的社会治理体系。在乡村振兴战略背景下，当前我国乡村已形成以乡镇政府、村级组织、社会组织、普通村民、乡村精英等为主体的多元乡村治理格局。

## 一、乡镇政府

乡镇政府处于国家行政权力体系的最末端，直接面向广大基层群众，是与乡村关系最为密切的国家政权组织，是连接国家与基层社会的桥梁和纽带，是乡村治理的重要主体。

20世纪80年代初，我国经济体制改革首先从农村开始，普遍推行了家庭联产承包责任制这一以"分"为主、"统""分"结合的双层经营体制，与之相应的是国家力量逐步从农村社会的许多领域退出，"三级所有，队为基础"体制退出舞台。1983年废除人民公社后，我国在乡镇一级恢复建立国家基层政权，乡镇政权重新确立。随着行政体制的调整和改革，基层政府的角色与职能发生了转变：从直接、全面参与向间接、宏观指引转变，更加注重提高政府自身服务能力建设。当前，随着改革开放的不断深入和中国特色社会主义市场经济的不断发展，作为农村多元治理主体中重要一元的乡镇政府，处于上传下达的中枢位置，在乡村治理中起着承上启下的作用，其纽带作用发挥的程度直接影响乡村治理的成效。在服务型政府建设过程中，乡镇政府承担着供给公共服务、落实惠农政策、维护乡村秩序等多种职能，是乡村治理的"桥头堡"。

## 二、村级组织

村级组织主要包括村党支部委员会和村民委员会，简称村"两委"。村"两委"作为两个最基层的组织，在乡村治理中发挥着各自独特的功能。《中国共产党农村基层组织工作条例》中指出，党的农村基层组织全面领导乡镇、村的各种组织和各项工作；《中华人民共和国村民委员会组织法》中指出，"村民委员会是村民自我管理、自我教育、自我服务的基层群众性自治组织"；党的十九大报告中指出，"党的基层组织是确保党的路线方针政策和决策部署贯彻落实的基础"。由此可见，党的基层组织是确保乡村有效治理、促进乡村振兴战略落实落地的基础。

乡村的有效治理、乡村的全面振兴，离不开乡村组织的振兴，离不开农村基层党组织的领导，因此村党支部委员会是乡村治理的重要主体。同时，村民委员会作为基层群众性自治组织，是在村党支部委员会领导下具体实施并落实党和国家的路线方针政策和决策部署的组织机构，也是乡村治理的重要主体。

## 三、社会组织

社会组织主要是指在县级以上民政部门登记的社会团体、基金会、社会服务机构（民办非企业单位）等。社会组织在乡村治理中具有公共服务提供者、公共政策倡导者、社会价值捍卫者、社会资本建设者等多重身份。其中，营利性的社会组织以获取经济效益、发展乡村经济为主要目的；非营利性的社会组织则以服务农村居民、建设美丽乡村为主要目的。

在乡村振兴战略背景下，在乡村治理转型及推进乡村治理体系和治理能力现代化进程中，社会组织日益扮演着越来越重要的角色。不同于村党支部委员会和村民委员会，社会组织作为乡村治理的新型主体，具有非官方性和自主性的特点，在一定程度上弥补了村"两委"在乡村治理中的不足。

## 四、普通村民

普通村民是乡村的天然主体，是乡村治理最重要的主体，更是村民自治的主体。

随着城市化进程的加速和经济社会的发展，乡村人员流动性加大，年富力强的村民不断外流，农村人口以留守老年人和儿童为主，人才流失严重，青壮年劳动力严重匮乏，高层次人才更是紧缺，乡村人口结构和人才结构不利于乡村有效治理，不利于乡村振兴战略的实施。与此同时，乡村人际关系的疏离和人情关系的逐渐淡漠，也不利于乡村群众共同参与乡村治理。我们要对这个问题给予足够的重视。

## 五、乡村精英

政治从来离不开精英，乡村政治尤其如此。乡村精英历来是乡村社会的一股重要力量，他们的存在影响着乡村的治理与建设，在维持乡村稳定、促进乡村发展方面都起到重要作用。

乡村精英主要是指乡村社会中，某些在经济、政治、资源和个人能力等方面拥有优势，并利用自身优势取得了一定的成功，为乡村做出了重要贡献，同时被外界赋予了一定的权威，能够对乡村社会及其成员产生重要影响的村民。在乡村一级，精英的角色非常重要，可以直接影响乡村治理。但与此同时，乡村精英往往会在公共利益和个人利益之间摇摆角色，可能会垄断乡村本已稀缺的资源、破坏乡村的民主化治理。可见，如果没有规制或规制不完善，精英治理就会出现百姓所不愿意看到但不得不接受的结果。要让乡村精英发挥更大的作用，政府需要加大对乡村体制内精英的培养，形成一支高素质的乡村自治队伍。同时，要严格规范村民委员会选举行为，加强对恶势力操纵选举的打击，促进体制内精英与体制外精英的良性流动。

乡村非体制精英处于体制精英与村民之间的"隔离带"，他们一方面具有自利性的目的，另一方面代表着部分村民的共同利益，其非正式权威在农村体制中发挥着重要的作用。在村庄共同体中，如果体制精英、非体制精英、村民三者在根本利益方面达成一致，那么就能促进农村社会良性而稳定地发展。因此，建立起一套能够有效整合三者利益的吸纳机制，是解决乡村治理问题的关键。通过体制吸纳，将经济能人、退伍军人、农村文化人等有影响的精英分子作为后备干部，成立村级治理顾问委员会，为乡村建设出谋献策；建立村民意见箱、民主议政日和干部民主评议制度，使村民能够通过村级组织体系和体制内渠道表达自己的意见和建议，使组织真正成为代表村民利益的组织。

总之，乡村治理的主体是多元的，包括乡镇政府、村级组织、社会组织、普通村民、乡村精英等不同层次的治理主体。这些治理主体之间不是纵向的领导与被领导的关系，而是相互制约、相互协商、相互合作、共同参与的协同治理关系。在一定程度上，乡村治理更加倾向于发挥村级自治组织的功能，更加强调广大村民的公共参与。要通过乡镇领导、统筹规划，村级组织加大人力物力投入，最大限度地发挥村民力量，齐心协力把乡村治理好、建设好。

# 第三节　乡村治理的要点梳理

在深入实施乡村振兴战略背景下，有效应对乡村治理主体、客体和环境等各种因素的深刻变化，探索完善乡村治理体系、创新乡村治理模式、推进治理体系和治理能力现代化的途径，是我国当前和未来乡村治理建设的重大课题。

## 一、乡村治理的主要任务

加强乡村治理，旨在建设充满活力、和谐有序的乡村社会，不断增强广大农民的获得感、幸福感、安全感。乡村治理的主要任务如下。

（1）完善村党组织领导乡村治理的体制机制。建立以基层党组织为领导、村民自治组织和村务监督组织为基础、集体经济组织和农民合作组织为纽带、其他经济社会组织为补充的村级组织体系。

（2）发挥党员在乡村治理中的先锋模范作用。组织开展党员联系农户、党员户挂牌、承诺践诺、设岗定责、志愿服务等活动，推动党员在乡村治理中带头示范，带动群众全面参与。

（3）规范村级组织工作事务。清理整顿村级组织承担的行政事务多、各种检查评比事项多问题，切实减轻村级组织负担。

（4）增强村民自治组织能力。健全党组织领导的村民自治机制，完善村民（代表）会议制度，推进民主选举、民主协商、民主决策、民主管理、民主监督实践。

（5）丰富村民议事协商形式。健全村级议事协商制度，形成民事民议、民事民办、民事民管的多层次基层协商格局。

（6）全面实施村级事务阳光工程。完善党务、村务、财务"三公开"制度，实现公开经常化、制度化和规范化。

（7）积极培育和践行社会主义核心价值观。坚持教育引导、实践养成、制度保障三管齐下，推动社会主义核心价值观落细落小落实，融入文明公约、村规民约、家规家训。

（8）实施乡风文明培育行动。开展好家风建设，全面推行移风易俗，破除丧葬陋习，加强村规民约建设，等等。

（9）发挥道德模范引领作用。大力开展文明村镇、农村文明家庭、星级文明户、"五好"家庭等创建活动，广泛开展农村道德模范、最美邻里、身边好人、新时代好少年、寻找最美家庭等选树活动，开展乡风评议，弘扬道德新风。

（10）加强农村文化引领。加强基层文化产品供给、文化阵地建设、文化活动开展和文化人才培养。

（11）推进法治乡村建设。规范农村基层行政执法程序，加强乡镇行政执法人员业务培训，严格按照法定职责和权限执法，将政府涉农事项纳入法治化轨道。

（12）加强平安乡村建设。推进农村社会治安防控体系建设，落实平安建设领导责任制。

（13）健全乡村矛盾纠纷调处化解机制。健全人民调解员队伍，有机衔接调解、仲裁、行政裁决、行政复议、诉讼等环节，强化乡村信息资源互联互通，开展平安教育和社会心理健康服务等。

（14）加大基层小微权力腐败惩治力度。规范乡村小微权力运行，明确每项权力行使的法规依据、运行范围、执行主体、程序步骤。

（15）加强农村法律服务供给。发挥人民法庭在乡村治理中的职能作用，加强乡镇司法所建设，整合法学专家、律师、政法干警及基层法律服务工作者等资源，推进公共法律服务实体、热线、网络平台建设，等等。

（16）支持多方主体参与乡村治理。加强妇联、团支部、残协等组织建设，充分发挥其联系群众、团结群众、组织群众参与民主管理和民主监督的作用。

（17）提升乡镇为农服务能力。充分发挥乡镇服务农村和农民的作用，加强乡镇政府公共服务职能建设，加大乡镇基本公共服务投入，使乡镇成为为农服务的龙头。

## 二、乡村治理面临的问题

乡村振兴战略与乡村治理存在着密切关系：一方面，乡村振兴战略的实施对乡村治理提出了客观要求；另一方面，全面实现乡村振兴需要乡村社会治理实现"善治"的有力支撑。

### （一）党建引领水平不高

部分村"两委"干部为民办事能力不强，工作缺乏积极性，素质能力不适应乡村治理新要求；一些村党支部书记年龄偏大，对新事物、新媒介、新平台的接受能力相对较差，习惯于以"经验"为主、靠"面子"办事。部分村党组织管理不规范，自身堡垒作用不强，存在组织生活不经常不严格问题，党员参与意识不强、参与率低。部分村党组织领导班子整体能力不强，服务群众的能力和水平不高，缺少有效吸引凝聚群众的方法。

### （二）乡村经济发展迟缓

部分乡村地区集体经济产权不明晰，产业结构单一，集体经济基础薄弱，集体经济收入偏低，发展后劲不足，农民收入增长困难，财力支撑不足，存在无钱办事的问题。有的乡村基础设施建设滞后，综合服务水平较低，服务内容和服务供给方式单一。一些偏远山区农民文化素质低、思想观念落后，农村垃圾治理手段落后，污水管网和污水处理站亟待建设。

### （三）治理主体和方法单一

部分乡村治理主体以基层组织为主，在很大程度上还是村委会主要成员起主导作用，缺乏社会组织和村民参与，基层组织与村民之间形成一种管理和被管理的关系。农村空心化、老龄化问题严重，缺少有文化、懂技术、会经营的新型农民，缺乏服务性、公益性、互助性的农村社会组织。在治理方式上，主要依靠行政命令方式，沿用传统治理模式管理村庄，缺乏建设平等协商等合作机制的方式方法，在政策执行中容易产生矛盾。

### （四）乡村文化发展滞后

在市场经济发展的冲击下，乡村传统文化的生存受到前所未有的挑战，面临着载体消失、主体缺位、价值认同危机与话语体系残缺的发展困境。传统文化资源衰减，一些传统美德没有得到有效传承，攀比炫富、铺张浪费等陈规陋习反而抬头。一些农民文化意识薄弱、生活方式单一、精神文化生活匮乏。村民参与的群众性精神文化活动数量少、形式呆板单一。

## 三、完善乡村治理的重点方向

近年来，党中央、国务院对乡村治理做出了一系列重大决策部署。各地也高度重视加强乡村治理体系建设，积极探索有效的方法举措，并取得了一定的成效。从各地的实践经验看，良好的乡村治理是一项复杂的系统工程，既要实现社会公平正义、提升村民的国家认同、保持乡村和谐文明，又要激发人们不断奋斗、积极向上的劳动创业热情，保持活力与秩序的有机统一。这需要从多层面协同推进，在具体工作中需要把握好以下六个重点方向。

### （一）坚持党的领导

党管农村工作是我党的传统，也是我们的优势。党抓农村工作很重要的一条经验，就是把党的组织建在村里，发挥村党组织战斗堡垒作用，通过政治教育、思想引导、社会服务把农民组织起来，紧密团结在党的周围。随着农村经济社会发展，当前乡村治理的范围已经拓展到农村经济、政治、文化、社会、生态文明建设等各个领域，是一项涉及面很广的系统工程。因此，推进乡村治理，一定要毫不动摇地坚持和加强党对乡村治理各项工作的领导，充分发挥党总揽全局、协调各方的作用。要落实县乡党委抓农村基层党组织建设和乡村治理的主体责任，强化农村基层党组织建设，加强和完善村党组织对村级各类组织和各项工作的领导。要建强基本队伍、基本阵地、基本制度、基本保障，组织带领村民委员会、集体经济组织、社会组织等共同唱好乡村全面振兴大合唱。要选优配强村"两委"班子,把农村基层党组织建设成坚强的战斗堡垒,以强有力的组织力量为支撑,把农村基层党组织建设贯穿乡村治理全过程,促进乡村治理与农村基层党建工作深度融合,为乡村善治提供组织保障。要继承和发扬党联系群众的传统,把党在农村的阵地建到农民群众的心里,把政治优势转化为实际效果。要大力组织开展党员联系群众活动,了解群众的思想状况,帮助群众解决实际困难,进一步密切党员与群众的联系。

### (二)坚持农民的主体地位

从管理到治理,虽然只是一字之差,但二者的理念、思路、方法、手段完全不同。过去主要依靠政府进行单向管理,现在则要依靠社会各方多元共治,推进共建共治共享。农民是乡村的主人,也是乡村治理的主体,是乡村振兴的依托力量。

乡村治理的核心就是要突出农民群众的参与,摆在首位的是要激发农民的主体地位和主观能动性。此前,农村改革发展中"干部干、群众看"的现象比较突出,农民群众参与乡村治理的积极性不够,参与的途径不多,各类社会组织、志愿者力量还比较弱。这是乡村治理面临的一个重大课题。为此,一要尊重农民的主体地位,充分调动和发挥好广大群众的积极性、主动性,组织和引导农民广泛参与,让农民自己"说事、议事、主事",做到村里的事情村民商量着办,形成民事民议、民事民办、民事民管的治理格局。要把"为了农民"与"依靠农民"紧密结合起来,加快数字乡村建设,健全完善民主选举、民主决策、民主管理和民主监督,拓宽农民参与乡村治理的渠道,加快形成共建共治共享的乡村治理格局。二要尊重基层和农民的首创精神。在40多年农村改革的伟大实践中,很多重大政策都是在总结农民创造的基础上在全国确立和推行的。在符合中央精神、遵守国家法律法规、保障农民利益的前提下,要鼓励基层组织和农民大胆创新,在发展乡村产业、实施乡村建设行动、推动城乡融合发展等领域,全方位鼓励和引导农民参与乡村治理的政策制定、活动实施、进程监督和成果分享,做到问需于民、问计于民。

### （三）坚持遵循乡村发展规律

一方面，我们要清醒地认识到我国是传统农业大国，我国的乡村经过数千年历史沉淀，有着深厚的历史底蕴和文化传统，乡村治理要建立在这个基础上，不能以城市思维开展农村治理。乡村治理要补齐的，是农村的治理短板，并不是要消灭农村的生活模式、传统习俗乃至生存方式。

另一方面，我们也要深刻地认识到，当前我国农村正处在社会结构深刻变动、利益格局深刻调整、农民思想观念深刻变化的过程中，人们的利益关系更加复杂，对民主、法治、公平、正义、安全、环境等方面有了更高的要求，对获得感、幸福感、安全感有了更高的期待。同时，以互联网为代表的现代信息技术日新月异，深刻地改变着人们的生产生活方式，我们必须顺应历史发展变化的大趋势、大逻辑，深入分析乡村治理面临的新机遇、新挑战，正确处理好历史与当今、传统与现代、老办法与现代技术手段的关系，准确把握前进方向、顺应历史发展规律，与时俱进地探索乡村治理的有效实现形式。

### （四）坚持"三治融合"

健全自治、法治、德治相结合的乡村治理体系，是党中央根据我国农村社会治理的基本制度安排和特点提出的。

自治、法治、德治是一个整体，要以自治增活力，鼓励把群众能够自己办的事交给群众，把社会组织能办的事交给社会组织，把市场能做的事交给市场，打造人人有责、人人尽责、人人享有的基层社会治理共同体；要以法治强保障，更好地运用法治思维和法治方式谋划思路、构筑底线、定分止争，营造办事依法、遇事找法、解决问题用法、化解矛盾靠法的良好氛围；要以德治扬正气，强化道德教化，提升农民的道德素养，厚植乡村治理的道德底蕴，深入挖掘熟人社会中的道德力量，德、法、礼并用，通过制定村规民约、村民道德公约等自律规范，弘扬中华优秀传统文化，教育引导农民爱党爱国、向上向善、孝老爱亲、重义守信、勤俭持家，增强乡村发展的软实力。

### （五）坚持聚焦突出问题

乡村治理必须坚持问题导向、目标导向，重点围绕乡村治理中的难点、痛点、堵点，针对农民群众的操心事、烦心事，研究破解问题的办法。从一些地方成功实践的经验看，往往从问题突出的小切口切入，在有效解决这类"小问题"的同时，农村很多其他问题也迎刃而解。例如，针对农村小微权力监督问题，浙江宁海推行小微权力清算"36条"，安徽天长推行积分加清单制，这不但规范和约束了小微权力，而且改善了干群关系，推进了民主政治建设，增强了农民参与治理的积极性与主动性，推动了乡村治理总体水平的提高。再如，针对民意反映不充分、矛盾纠纷化解难的问题，浙江象山建立了"村民说事"制度，坚持把"村民说事"常态化、制度化，经过10多年的推行，从农民最初的说纠纷、说抱怨到现在的说发展、说建设、说理念，"村民说事"的内容不断革新，小小的"村民说事"成为乡村治理的主要抓手。

### （六）坚持创新现代乡村治理手段

当今社会，以互联网、云计算、大数据和人工智能为代表的现代信息科技迅猛发展，深刻地改变了人们的思维方式、生产方式和生活方式，也为基层社会治理创新带来了无限空间和广阔前景。现代信息技术带来的共享理念和互联网思维正在重塑基层社会生态，正在有效地激活个体的主动性、促进社会多元主体有机组合。我们要充分利用现代信息技术推进治理方式和治理手段的转变，探索建立"互联网＋"治理模式，推进各部门信息资源的整合共享，提升乡村治理的智能化、信息化、精准化、高效化水平。目前，一些大公司建立了很好的平台，要注重支持引导和利用好这些社会资源。例如，中国电信的"村村享"、腾讯的"为村"等系统在全国一些地方推广运用后，都取得了良好的效果。

## 四、乡村治理机制解读

乡村治理机制是指在乡村层面上，通过一系列的组织、制度和程序来实现有效治理的体系和方式。以下是乡村治理的六种基本机制。

## （一）村民自治机制

乡村治理的核心是村民自治，通过选举产生的村民代表大会和村民委员会等组织，发挥着代表和服务村民利益、参与决策和管理事务、推动基层民主和自治的重要作用。

## （二）农村社会组织机制

农村社会组织是村民自主组织起来的非政府组织，如农民专业合作社、农民合作经济组织等。它们在农村经济、社会和文化发展中发挥着重要作用，能促进资源整合、创新和协作发展。

## （三）农村法治机制

建立健全农村法治机制，包括制定和完善乡村地方性法规、规章制度，加强法律宣传和普法教育，加强农村法律服务和维权机制等，发挥着维护农民的合法权益、促进社会公平正义的重要作用。

## （四）农村基层治理机制

建立健全农村基层治理机制，有助于加强村级组织建设，提高村干部的能力素质，完善村务公开和监督机制，推动农村社会治理和公共服务发展。

## （五）农村社会化服务机制

建立健全农村社会化服务机制，推动农村公共服务的社会化，鼓励社会资本和非政府组织参与农村教育、医疗、养老、文化等领域的服务提供，能提高农村居民的生活水平和幸福感。

## （六）农村协商和纠纷调解机制

建立健全农村协商和纠纷调解机制，有助于促进农村各方面利益相关者沟通协商和平等交流，妥善解决农村矛盾纠纷，维护农村社会稳定。

这些机制相互交织、相互作用，形成了一个多元参与、合作协商、法治保障的乡村治理体系，为实现乡村社会经济的全面发展和农民群众的美好生活保驾护航。

# 第四节　乡村振兴战略背景下乡村治理的重要意义

## 一、"治理有效"是乡村振兴题中应有之义

乡村振兴是事关我国乡村事业发展全局的重要战略，是关系全面建设社会主义现代化国家的全局性、历史性任务，是新时代"三农"工作的总抓手。乡村振兴战略是一个全面的发展体系，这一体系的内容非常丰富，既包括传统的经济与产业发展，又包括目前普遍关注的人才兴旺、组织振兴、生态宜居等。实施乡村振兴战略，不仅需要国家层面的政策支持，而且需要加大农村基础设施投入，还需要保护和激活乡村治理的主体协同能力，增强乡村社会治理效能。党的十九大报告对实施乡村振兴战略提出"产业兴旺、生态宜居、乡风文明、治理有效、生活富裕"的总要求。其中，"治理有效"作为推动乡村振兴的重要内容，在诸因素之中起着举足轻重的作用，是乡村振兴题中应有之义。

## 二、加强乡村治理是实现乡村振兴战略的重要保障

乡村治理涉及乡村建设的方方面面，科学有效的乡村治理有利于形成乡村自然资源、文化资源、人力资源的聚合效应，是支撑乡村振兴战略实施、增强乡村振兴战略实施效果的重要基础和保障。

### （一）有效的乡村治理能为乡村振兴培养积极的参与主体

实施乡村振兴战略，是为了满足广大农民日益增长的美好生活需要、促进农民富裕富足，自然离不开广大农民的积极参与。乡村治理恰恰是鼓励和引导农民在基层政府带领下，积极参与乡村建设行动。这能使广大农民逐渐意识到实现乡村振兴是自己的事情，从而更好地发挥主观能动性。

### （二）有效的乡村治理能为乡村振兴提供良好的社会秩序

乡村振兴离不开和谐稳定的社会环境。一些地方的实践经验表明，有效的乡村治理能让农民发自内心地自我约束、自我教育、自我管理，自觉担当

乡村公序良俗的维护者和倡导者。特别是通过法治与德治的合力并举，良善的乡村治理不仅能推动乡村形成良好道德风尚及维护农民的合法权益，而且有助于乡村防范社会风险、化解矛盾、和谐稳定。

### （三）乡村振兴战略目标的达成需要通过全面有效的乡村治理来实现

乡村振兴战略属于一个非常大的规划，从乡村规划的编制到实施，再到乡村规划目标的实现，都需要全体村民的参与，同时离不开高效的乡村治理。通常情况下，乡村治理水平越高的乡村，越有利于乡村振兴战略规划的实施及目标的实现。乡村治理中的自治、法治、德治可以说是乡村振兴战略实施的重要保障。只有实现自治、法治、德治的乡村及这一项水平较高的乡村，才能顺利地开展乡村振兴战略规划，进而实现既定的战略目标。

此外，通过有效的乡村治理，乡村各方面都能获得不错的发展。例如，乡村投资环境得到改善，能吸引大量的社会企业前来投资；乡村居民素质提高，能推动乡村精神文明建设；乡村经济及社会环境的改善，能吸引一些成功人士回乡创业；等等。这些方面的改善对于我国的乡村振兴具有深远的影响和意义。

## 三、加强乡村治理是补足乡村振兴中治理短板的需要

在推进乡村振兴过程中，治理短板日益凸显。一方面，乡村社会治理面临诸多困境，新老问题交织。例如，在城市化进程中，青壮年劳动力大量流失，很多村庄空心化、老龄化现象严重，导致农业农村发展动力不足，乡村治理人才严重短缺；城乡发展不平衡，一些村庄公共服务水平落后；有些地方天价彩礼、低俗婚闹、随礼攀比等不良风气盛行；有些村庄党群干群关系紧张；等等。这些乡村振兴中面临的现实问题，都需要依靠有效的治理来加以化解。另一方面，面对严峻的现实问题，一些地方的乡村治理理念、方式和手段仍滞后，乡村治理现代化水平相对不高。例如，一些地方农村基层党组织软弱涣散，农村基层民主管理制度不健全，无法实现有效的村级组织治理；一些基层干部素质不高，在乡村治理实践中仍采用传统的被动治理模式，工作缺乏创新性；一些农民在不牵涉自身经济利益的情况下，对建设家园不关心、不出力，参与自治的意愿不高；等等。这些都制约着乡村治理水

平的提升。

总之，乡村振兴要奠稳治理"基石"，补齐治理短板，提升乡村治理质量和效能。

## 四、加强乡村治理是实现乡村治理现代化目标的必然要求

随着我国经济社会的不断发展，新型工业化、信息化、城镇化和农业现代化加快推进，城乡利益格局深刻调整，农村社会结构深刻变动，农民诉求日趋多样，乡村治理的环境也发生了重大变化，传统乡村治理模式已不再适应当前乡村的发展需要，乡村治理模式亟须变革。

一方面，城乡一体化的推进打破了城乡二元结构，越来越多的社会组织和政府公共服务逐渐由城市延伸到乡村，这对乡镇政府和基层组织提出了新的工作要求。对于乡镇一级而言，要让乡村治理工作机制健全、基层管理服务便捷高效、农村公共事务监督有效、乡村社会治理成效明显等，就需要不断创新提升；对于村一级而言，要让村党组织领导有力、村民自治依法规范、法治理念深入人心、文化道德形成新风、乡村发展充满活力、农村社会安定有序等，就需要持续发力。

另一方面，城乡一体化的发展推动了城乡人口之间的流动，越来越多的农民开始追求公平与正义，自我意识有了很大提升，对城乡之间存在的诸多问题有了更多的认识，从而会提出更多的需求，需要从精神和心理上进行正确引导。这些都对乡村治理提出了更高的要求与挑战。乡村治理亟须加强体制机制创新，如在探索"三治融合"的路径、共建共治共享的治理机制、乡村治理与经济社会协同发展的机制、乡村治理的组织体系，完善基层治理方式、村级权力监管机制，以及创新村民议事协商形式、现代乡村治理手段等方面，都需要总结地方实践经验并加以提升。

# 第三章 | 乡村旅游与乡村治理

经济基础决定上层建筑，实现乡村的有效治理、推进乡村治理体系和治理能力的现代化，离不开充足的资金来源，这种资金来源可以是政府的投入、社会各界的支持，更应当是乡村自身经济、产业的可持续发展和自身的"造血"功能。优美的环境、良好的生态、古朴的村落、特色的文化和田园生活等优势，使乡村成为城市居民所向往的休闲度假旅游胜地及放松心情、回归本真的心灵乐园。在乡村振兴战略实施的大背景下，各地的乡村旅游产业蓬勃发展，有效带动了乡村经济的发展，促进了村级集体收入和农民收入的增加，为乡村治理奠定了良好的物质基础。

乡村治理是国家治理体系中的一个重要环节，是乡村振兴的基础，而乡村旅游是实现乡村治理的有效路径。作为综合性产业，乡村旅游涉及面广、带动力强、开放度高。乡村旅游以乡村自然风光、乡村民俗文化、乡村生活环境、乡村生态环境等为旅游资源吸引旅游消费者。乡村通过对这些旅游资源进行合理开发与有效治理，在促进经济发展的同时，促进环境保护和文化发展，促进各种社会组织的活跃和人才的回流，促进乡村由封闭走向开放，促进村民文化素质和水平的提升，促进治理主体治理能力的提升，从而有效推动乡村治理的发展。

## 第一节　乡村旅游的类型与功能

### 一、政策背景

近年来，《乡村振兴战略计划（2018—2022年）》及《中华人民共和国乡村振兴促进法》等与乡村振兴有关的政策法规接连推出，昭示了乡村振兴成为我国的基本国策之一。发展乡村旅游产业即乡村振兴的重要途径之一，既可有效规避当前乡村基础设施建设不足的问题，又能充分提高农户的实际收益，其展现出的市场优势、产业活力对乡村振兴的各方面发展起到了积极的带动作用。2022年发布的一号文件《中共中央 国务院关于做好2022年全面推进乡村振兴重点工作的意见》对长久以来的乡村旅游产业发展工作做出了肯定，进一步提出实施乡村休闲旅游提升计划，让乡村旅游产业朝着专业化方向发展。

产业兴旺是乡村振兴的重点，乡村旅游则是乡村产业的关键组成部分，其内容遍及一二三产业。发展乡村旅游产业，是对《"十四五"推进农业农村现代化规划》提出的加快农村一二三产业融合发展的积极响应，不仅能使乡村资源优势自然转变为经济优势，而且能使当地的生态保护、文化传承等意识得到提高，有助于文明乡风的培育。

## 二、乡村旅游的概念理解

乡村是相对于城市而言的一个地域概念，城市以外的一切地域都可以称为乡村。它是一个地理单元，不仅包括一个辽阔的空间，而且包括这一空间内所有的综合实体。我国是一个农业大国，有着大量的农业人口，乡村如何发展，将直接影响我国的社会主义现代化建设。

乡村旅游是以旅游度假为宗旨，以村庄野外为空间，以人文无干扰、生态无破坏、游居和野外行为为特色的村野旅游形式。以往，乡村旅游是到乡村去了解一些乡村民情、礼仪风俗等，也可以观赏当时种植的一些乡村土特产（如水稻、玉米、高粱、小麦等）、果树、小溪、小桥，并了解它们的故事。旅游者可以在乡村（通常是偏远地区的传统乡村）及其附近逗留、学习，体验乡村生活模式。该村庄也可以作为旅游者探索附近地区的基地。可见，乡村旅游的概念包含两个方面：一是发生在乡村地区，二是以乡村性作为旅游吸引物。二者缺一不可。

不可否认，乡村旅游能在一定程度上推动农村经济的发展，但是我们不能仅仅将其视为经济手段，从本质上来说，乡村旅游是为构建乡村理想家园服务的，它应当是建设新农村的一种文化手段。乡村旅游的动力模型指出，乡村文化是发展乡村旅游的原动力，乡村文化要从整体文化意象上区别于城市文化，这就要求组成乡村文化意象的每个元素都要具有乡村文化的内涵和特点。乡村旅游的生命力也正源于此。

## 三、乡村旅游的常见类型

划分的标准和依据不同，乡村旅游的类型也就不同。从结构上划分，乡村旅游主要分为观光种植业旅游、观光林业旅游、观光牧业旅游、观光生态农业旅游等；从功能上划分，乡村旅游可以分为观赏型旅游、品尝型旅游、购物型旅游、务农型旅游、娱乐型旅游和度假型旅游等。本书综合诸多学者的观点，将乡村旅游主要分为城郊型旅游、村寨型旅游和景区依托型旅游三种。

### （一）城郊型旅游

城郊型旅游，是指依托大中城市，以城市居民为主要目标市场，利用都市郊区相对良好的自然生态环境、独特的人文环境和地理优势、便利的交通条件而开展的乡村旅游活动。这一类型可以说是我国乡村旅游的主要形式之一。有很多的城市居民在节假日及休闲之余，都倾向于到城市周边的乡村去放松身心，参加各种形式的乡村旅游活动。这一类型的旅游资源比较丰富，主要包括农村聚落景观、现代科技农业景观、农业观光园等，对广大游客具有较强的吸引力，备受青睐。

### （二）村寨型旅游

村寨型旅游主要依托特色村寨及其群落的乡村来开展各种旅游活动。伴随现代社会的不断发展，乡村旅游市场也得到了极大的拓展，在休闲之余，人们大都希望置身于优美的田园风光和秀丽的山水，以获得身心的放松。因此，拥有传统文化的旅游活动与田园风光的村寨成为人们重要的选择。

在我国有一些偏远地区，仍然保留着比较原始的传统农耕文化和民族习俗，这些带有极强历史色彩文化的地方，受到了旅游爱好者的青睐和追捧，成为他们的游览胜地。在这样的背景下，村寨型旅游得以迅速发展。

### （三）景区依托型旅游

景区依托型旅游也是乡村旅游的一种重要类型，受到了人们的欢迎和喜爱。景区依托型旅游主要是依托大型景区在市场上的知名度，以景区游客为主要目标市场而开发与设计的旅游活动。这一类型的乡村旅游保存着很多乡村的原生状态，能给旅游者带来丰富的、新鲜的旅游体验，因此拥有着良好的发展前景。

我国地大物博，有着丰富的自然资源，其中很多风景名胜都处于乡村的包围中，这为周围乡村的居民带来了经商的契机。为了既能保证景区发展的环境，又能满足广大游客的旅游需求，景区依托型旅游应运而生，并逐渐成为我国乡村旅游的重要类型。

## 四、乡村旅游的主要特点

### （一）旅游资源种类丰富、层次鲜明

我国各地乡村拥有包括水域、地貌、气象等丰富的自然旅游资源及古建筑、文物遗迹等底蕴深厚的人文旅游资源，故乡村旅游具有一定的时空差异性，不同地域、不同时节拥有不同的旅游资源。随着我国旅游业的不断发展与有关部门的探索开发，它可以满足人们较多方面的旅游需求。

### （二）游客参与性强

乡村旅游的活动内容呈复合形式，游客除可观赏、游览景观，自身也可深切融入以康养、娱乐为主的农家生活、农家劳作等当地的生产生活活动，获得有别于城市喧嚣的体验，充分感受乡村生活的淳朴与宁静。

## 五、乡村旅游的突出功能

乡村旅游可以说是一项综合性非常强的产业，能融入乡村社会的各个角落，对乡村社会的整体发展影响深远，对于我国乡村振兴乃至整个国民经济的发展都具有重要的作用。乡村旅游的功能也是非常多样的，这突出体现在以下八个方面。

### （一）游憩与休闲

乡村旅游能为广大游客提供大量的绿色休闲活动空间，人们在乡村旅游观光、度假休闲中能充分享受到大自然的美丽风光，接受身心的洗礼，从而获得愉悦的身心享受。这就是乡村旅游的游憩与休闲的功能，它是乡村旅游

最为基本的功能。

## （二）放松身心

放松身心是乡村旅游的一项重要功能，这一功能主要是针对广大游客而言的。参与乡村旅游的游客大多数是来自城镇的居民，他们在平时的工作和学习中往往面临着巨大的压力，紧张的情绪弥漫在日常生活之中，而通过参加丰富多彩的乡村旅游活动，能使他们的身心得到缓解与放松，生活压力也得以减轻。因此，乡村旅游具有重要的放松身心的功能。

## （三）教育功能

乡村旅游具有重要的教育功能，这一功能主要体现在以下两个方面。

一方面，城镇游客的文化素质相对较高，其文明的语言和行为举止能对农村居民形成一定的影响；农民群众在接待游客的过程中，还能学到关于卫生、医疗、金融、法律等方面的知识，从而提高自身的综合素质。同时，大力发展乡村旅游，组织旅游管理专业师资、研究人员、技术人员下乡进行教育培训，或者组织农民到外地参观学习，都可以有效提高农民文化素质。

另一方面，通过乡村旅游，城市居民能更加深刻地认识到我国"三农"发展情况，获得深刻的农村生活体验和以前从未接触过的农业知识，从而丰富自己的知识结构体系。

## （四）促进经济发展

乡村旅游具有重要的经济功能，通过乡村旅游活动的开展，不仅发展了乡村绿色农业，而且大大增加了农村的就业机会，提高了农民的收益。由此可见，乡村旅游的经济功能非常突出。具体而言，乡村旅游的经济功能主要体现在以下三个方面。

第一，乡村旅游可以调整和优化农业生产结构，扩大农业生产范围，提高农产品附加值，促进农村电商的发展，加快农业劳动力转移，使农村走上农业产业化、农村市场化的道路。此外，乡村旅游的发展还能为乡村的招商引资提供更好的条件，为广大的农村居民带来巨大的实惠。

第二，乡村旅游主要是利用各种农业自然环境和人文资源打造一个适合人们观光休闲旅游的度假园区，这样的旅游园区不仅能够高效发挥农业生产功能，而且可以发挥农业的生活功能和生态功能，促进农村经济的繁荣与发展。

第三，乡村旅游能为广大农民提供大量的就业机会。农村旅游涉及的行业非常多，如农家乐经营、种植业、养殖业、运输业等，这些行业都需要大量的劳动力，这就为广大农村居民提供了广阔的就业平台，解决了农村剩余劳动力问题，并且对于乡村振兴和农村社会的和谐稳定具有重要的作用和意义。

### （五）促进环境保护

促进环境保护是乡村旅游的一项非常重要的功能。一个良好的生活环境和人文环境是吸引游客的重要条件。试想，如果一个乡村旅游目的地的环境非常糟糕，处处都是生活垃圾，那么是很难吸引游客前来参与旅游活动的。因此，为吸引广大游客前来参加乡村旅游活动，必须重视乡村环境卫生，提升乡村环境品质。由此可见，乡村旅游具有重要的改善乡村环境和保护环境的功能。

### （六）促进文化发展

我国地大物博，各地区之间存在着明显的文化差异，不同的乡村都有自己与众不同的特色，这是吸引广大游客参与乡村旅游活动的重要原因。以乡土文化为核心资源的乡村旅游的发展，能更好地挖掘和保护乡土文化资源，传承与推广乡村文化。在乡村旅游发展过程中，很多乡村通过创造独具风格的农村文化资源吸引游客前来，而其作为旅游目的地的成功打造与发展，又会形成辐射效应和传播效应，增强全社会对乡土文化的保护意识。这些对于促进社会文化的繁荣与发展具有重要的意义。

### （七）催生新型组织

乡村旅游能盘活农村土地资源，促进土地流转，催生大量新型经营组织。这些组织大都以农民流转土地入股，针对游客需求，结合乡村实际，走产业化发展之路。同时，能催生行业协会、专业合作组织等中介性社会组织。新型经营组织和社会组织的诞生，能够弥补乡村治理结构中缺少的一环，能够在政府失灵时弥补政府的不足，在市场失灵时弥补市场的不足，形成一个较为完善的结构体系。

### （八）吸引返乡人才

乡村旅游的发展能够吸引农民工返乡创业、城市创客下乡创业，吸引大量青年人才、乡贤人才、专业艺术人才等参与乡村建设，促进人才"回流"，缓解乡村空心化、空巢化问题。

## 第二节　乡村旅游与乡村治理的双向互动

乡村旅游与乡村治理水平之间有密不可分的关系。乡村的硬件基础（如基础设施、生态环境等）和文化建设（如文明乡风、民族文化等）是乡村旅游与乡村治理结合的交汇点。乡村旅游发展对乡村治理具有促进作用。乡村旅游能够促进乡村综合环境改善，加快乡土文化流传和创新，使乡村治理更加完善，推动整个乡村发展朝着乡村振兴的总要求前进。反之，乡村治理有效也能反作用于乡村旅游，提高旅游目的地的外在形象，丰富旅游目的地的旅游价值，完善旅游目的地的社会治理。良好的乡村治理在一定程度上也对乡村旅游的发展起到促进作用。

### 一、乡村旅游对乡村治理的促进作用

乡村旅游是发生在乡村这样特定地域空间的旅游活动，其不仅可以促进乡村经济发展和农民增收，而且有利于保护和传承乡村的文化遗产，增强村民的环境保护意识和参与治理意识。这些都为乡村振兴战略的实施和乡村治理的改善提供了新的思路及实践路径。实践中，一批村庄在大力发展乡村旅游的背景下，乡村治理水平得以显著提升。

### （一）促进乡村由封闭走向开放，加强乡村与外界的交流

在市场经济发展一般过程中，人口与资本的流动往往仅是从贫困落后地区向富裕先进地区的单向流动或在城市之间流动。如果没有国家、政府的助力，乡村不仅会维持原有的封闭落后，还会随着贫富差距的分化加大而越来越封闭落后，这也是为什么国家经济发展了，但城乡差距却进一步拉大了。

而乡村旅游的发展改变了这一格局。发展乡村旅游后，在乡村旅游开发前期，外部资本、企业、政府及相关社会组织等要素涌向乡村，大大加强了乡村与外界的联系。乡村旅游产品投入市场后，大量游客的流入，使乡村彻底变成一个开放空间。随着乡村旅游的不断发展，乡村旅游产品及文化的输出，使得乡村与外界的联系由前期的单向流出逐渐演变成后期的双向互联，乡村日益从封闭走向开放。

### （二）促进乡村经济的快速发展，奠定乡村治理的物质基础

近年来，乡村旅游市场持续升温，市场规模不断扩大，已成为旅游消费中发展快、潜力大、带动性强、受益面广的领域。文化和旅游部公布的数据显示，2019年全国乡村旅游接待人次达到了30.9亿，占国内旅游人次的一半。2020年，由于新型冠状病毒感染疫情，我国乡村旅游受到较大影响。但随着国内疫情防控渐趋稳定，我国乡村旅游市场逐渐回暖，增长势头明显。同时，《乡村旅游绿皮书——中国乡村旅游发展报告（2022）》中调查结果显示，超八成游客在疫情期间选择的乡村旅游类型为市郊游或省内周边游。未来，乡村旅游发展潜力巨大。

随着乡村旅游的发展，旅游餐饮、旅游住宿、旅游交通、商品加工、商品零售、旅游服务等产业也在乡村地区兴起。发展乡村旅游能够为农民提供更多的就业机会和增收途径，有效增加村民、村集体的收入及地方财政收入，从而为有效开展乡村治理奠定内生动力和物质基础。例如，村集体财力状况不断改善后，可以加大投入改善村容村貌、提升公共服务水平。

### （三）完善治理能力和治理结构，提升乡村旅游治理效能

乡村旅游的发展需要相关治理主体的有效治理，包括村级组织和村民委员会有效协调、村民主动参与等。为了提高乡村旅游的质量和效益，必须通过培训等方式提升村级干部的治理能力，加强其对乡村旅游的规划、管理和监督。在乡村旅游发展过程中，通过民主决策，就乡村旅游发展中的具体事项征集村民意见，能够提升村民参与村级公共事务治理的能力，相关主体彼此合作，与上级部门、旅游建设公司、旅游发展公司等政府部门、企业相互沟通、协调共建，在提升其旅游治理能力的同时，提升乡村治理能力，进而促进乡村治理的提升。同时，在发展乡村旅游过程中，只有得到村民支持，

才能发展壮大集体经济；村民需要集体作为代表，增加谈判砝码和保障自身利益。这样，就促使集体和个人重新凝聚起来，不仅改善了治理结构，而且提升了乡村地区内生发展动力。

### （四）完善公共服务设施和公共服务水平，促进乡村治理

乡村旅游的发展需要乡村旅游公共服务的支撑，乡村旅游公共服务水平是衡量乡村旅游发展水平的重要指标。乡村旅游公共服务作为乡村旅游发展的重要内容之一，具有公共属性。加强乡村旅游公共服务体系建设，增加公共设施投入，提高公共设施建设质量，加强乡村公共设施的维护和管理，完善公共服务管理机制，能够有效改善乡村公共设施状况，提升乡村旅游公共服务水平和能力。这些都是提高乡村公共服务水平的重要途径，能够让村民切实受益。

### （五）丰富农村社会治理主体，提升基层组织的组织力

发展乡村旅游，催生了各种社会组织，吸引了大量人才返乡创业，在汇聚人气的同时，丰富了乡村治理的主体。农村基层组织建设是农村治理的基础，也是农村公共服务的重要支撑。乡村旅游的有序发展离不开强有力的农村基层组织的引领，发展乡村旅游能倒逼村民委员会、村民小组等组织机构提升组织管理能力，加强农村干部队伍建设，充分发挥农村干部在基层管理中的作用，有效增强农村基层组织的能力，提高村民自治的积极性和主动性。

### （六）促进村民思想观念的提升，拓宽乡村治理的视野

乡村旅游的快速发展，不仅能促进当地消费、就业和投资，还能起到文化交流、观念变迁等综合带动作用。乡村旅游的发展增强了城乡之间的交流，城市中的许多新鲜事物、高科技发展理念涌向乡村，好的信息、好的理念不仅能促进村民素质的提升，而且能提高村民的学习积极性。城乡居民间的良性互动，能促使村民的精神世界得到丰富，为文明乡风的建设产生积极的影响。在乡村开发旅游之前，乡村是一个相对封闭的区域，村民的意识主要表现为以自我为中心的小农意识。随着乡村旅游的推行，村民在旅游经济活动实践中，环境保护意识、集体意识、契约意识、法治意识、发展意识及

民主意识等现代公民意识不断得以强化。乡村旅游可以拓宽乡村治理的视野，引入更广泛的观念和理念。通过旅游活动，可以促使农民更加关注与了解国内外的治理经验，借鉴和吸收先进的治理理念及模式，为乡村治理提供新思路。

## 二、乡村治理对乡村旅游持续发展的保障作用

旅游消费者选择乡村旅游时，有的是为了感受独特的乡村自然景观来释放压力而进行消费，还有的是为了扩大知识面或是为体验特色乡土文化而进行消费。有效治理就是为了满足不同消费者的旅游需求，从而达到乡村旅游持续发展的目的。

### （一）乡村治理能为乡村旅游的持续发展奠定良好的社会环境基础

有效的法律法规是乡村旅游有序发展的保障。维护乡村秩序，创设和谐生活环境、合理分配利益，能促使村民积极参与乡村治理。村民之间和谐相处，乡村发展有序进行，能够使乡村旅游的发展更加法治化、规范化。在社会治理得到改善的同时，乡村治理和旅游发展相互交叉，不仅能为旅游者创造良好的旅游环境，而且能促进乡村文明乡风建设、提高村民的素质和思想意识，在一定程度上保障了旅游消费者的安全和利益，有利于推动乡村旅游的健康发展。

### （二）生态环境的改善能提高旅游乡村的外在形象

旅游消费者选择乡村旅游目的地时，总希望有一个舒适干净的环境，因此，绿化、美化、亮化好的乡村可以吸引更多的游客，完备的基础设施更会让游客连连称赞。发展乡村旅游，需要把整个乡村环境形态作为旅游资源来实施整体综合开发。加强村庄治理，营造优美的自然环境，保护环境内丰富的旅游资源，能为乡村旅游的快速推进夯实基础。旅游乡村生态环境的改善，也能让游客懂得保护旅游环境的重要性，激发各个旅游主体之间的联系，使其和谐相处，共同保护生态环境。人与自然和谐相处，能提升旅游乡村的外在形象，促进旅游乡村的可持续发展。

### （三）传统文化的发掘能提升旅游乡村的旅游价值

文化和旅游虽然是两种不同的业态，但它们相辅相成。文化需要传播，旅游需要文化，将两者更好地融合，才能留住游客，给游客留下难忘的印象。这就需要各利益主体进行合理规划，对传统文化的发掘是其中一项重要的工作。首先，让农家传统小院转型升级为当地特色传统文化体验地；其次，通过举办节庆活动、传统工艺的展览等，让游客身临其境地感受到乡村的文化旅游特色；最后，充分挖掘当地的人文旅游资源，树立独有的乡土文化品牌，在吸引大量游客涌入的同时，提升旅游资源的价值。

## 第三节　乡村旅游促进乡村治理的路径分析

### 一、在乡村旅游发展中推动乡村文明乡风建设

乡村旅游最为吸引游客之处，不仅有自然的农业风光，而且有承载着乡音、乡土、乡情的古朴乡村生活。传统美德、淳朴民风、乡村社会风气等，都是建设文明乡村的主要抓手；而要想实现这些，需要优化乡村治理，提升村民文化素质，提高村民参与意识。

### （一）提高村民参与意识，注重合理分配利益

村民作为乡村的主体，其生活生产是乡村旅游发展的重要组成部分，也是游客在体验乡村旅游时的一种投资。乡村旅游的发展需要村民的参与，而且村民有自愿选择是否参与乡村旅游开发的权利，可以选择以何种方式参与，还可以自发成立相关的行业组织，但是要符合政府制定的相关规定，保障乡村旅游的有序发展。在此基础上，还要注重各利益主体之间的关系，在合理规划各利益主体所应承担的任务的同时，注重合理分配利益，实现共同富裕，这样才能更好地促进乡村旅游业的发展，实现乡村振兴。

### （二）加强乡村文化建设，优化乡村软环境

促进乡村旅游，不仅要加强自然景观建设，乡村软环境的建设也是极其

重要的,如提高乡风、村风、民风文明程度,有助于实现乡村旅游的可持续发展。乡村旅游的发展,增强了城市游客和村民之间的交流,同时带来了城市文化与文明。旅游的发展带来经济上的获益,这使得村民开始认识到科学文化知识、经营管理知识的重要性。村民通过主动接受专业技能培训,参与旅游开发并从中受益,既提高了物质生活水平,也丰富了精神生活。

### (三)维护乡村旅游秩序

村民应积极参与到乡村治理,为发展乡村旅游贡献自己的一份力量。乡村旅游的发展,不仅使村民有权利参与旅游发展的管理,而且能够促使其自我约束、自我管理、遵守法律法规,为乡村旅游发展营造良好的旅游秩序,在保障了自身安全和利益的同时,保障旅游消费者的人身安全和利益。

## 二、在乡村旅游发展中促进乡村设施环境重整

国家发展改革委、文化和旅游部等13个部门联合发布的《促进乡村旅游发展提质升级行动方案(2018年—2020年)》中提出,乡村基础设施的提升和乡村人居环境的改善是乡村旅游发展的基础。基础设施提升、环境改善与乡村旅游的发展相辅相成。乡村环境的改善会为乡村旅游打下基础,乡村旅游的发展也会极大地促进乡村环境的改善。

### (一)加强交通及配套设施、基础设施建设

完善交通道路是乡村发展的基础保障。当前主要从两个方面加强乡村旅游交通建设:一是旅游景区道路建设;二是旅游乡村及周边公路建设。旅游景区道路建设,要在保证正常使用的基础上,突出乡村的景观特色和文化特色,实现景区道路的特色化和标志化。旅游乡村及周边公路建设主要是在保证车辆顺利通行的基础上,提升旅游乡村和周围乡村的道路等级,做好道路的养护等后期管理,完善标识系统,推进乡村旅游公路和旅游标识标牌体系建设。

同时,要夯实基础设施建设。乡村旅游的基础设施建设要求负责人在规划和建设时,保证其使用性、观赏性、技术性和功能性,切勿因一味追求现代化而与乡村旅游发展失调。

## （二）建立健全乡村环境保护体系

一方面，发展乡村旅游时，对环境的开发要有法可依。政府要建立健全与乡村旅游环境保护相关的法律保障机制，发挥好监督作用。对于旅游经营者，要促使他们制定丰富的环境保护措施；对于旅游消费者，要对其积极宣传保护乡村旅游环境的重要性。

另一方面，对于被破坏的环境，政府要尽可能地想办法进行修复；对于旅游环境的开发，要做到保护与开发相协调。政府要严格处理旅游开发者的不当行为及旅游消费者的破坏行为。

需要指出的是，建立健全乡村环境保护体系，不仅需要政府的参与，而且需要企业、旅游开发商、村民等的共同参与。

## 三、在乡村旅游发展中促进乡村文化重塑

乡村文化是乡村旅游之魂，赋予乡村旅游独特的底蕴。在这个过程中，传统民俗作为乡村旅游资源被深入挖掘，并通过旅游被活化，承载了新的意义。

### （一）树立特色乡村文化品牌

发展乡村旅游，要保持乡村特有的优势，处理好传统文化与现代文化的关系，注重民俗文化的保护与传承，丰富乡村旅游的内容，提升乡村文化内涵，提高乡村旅游的品质，打造特色乡村品牌，使乡村旅游产品具有较高的辨识度和文化品位。乡村旅游要坚持个性化、特色化、市场化发展的大方向，实现持续健康发展。

### （二）举办文化活动

为了恢复乡村生活记忆中的画面，体现乡情、乡愁，可以通过开展活动，包括当地特有的民俗活动及特有的节日时举办的活动等，让传统风俗在旅游发展中复活，让民俗成为吸引旅游消费者的主要因素。此外，应增加文娱活动，提升旅游消费者的体验度。

### （三）积极发展当地特有餐饮业

由于地域、环境、文化等因素不同，每个地方都有极具当地特色的饮食文化。将特色饮食文化与旅游相结合，将特色民宿与旅游相结合，也是旅游消费者选择乡村旅游的动机之一。游客来景点游玩，除了观光游览，"打卡"特色小吃也是一个重要目的。所以当地可以专门开发一条美食街，来满足不同旅游消费者的需求；建设具有本地特色的民宿、农家乐，留下游客的脚步。

## 四、在乡村旅游发展中促进人才引进与素质提升

乡村旅游是农村"三产"融合的新兴产业，对各种类型的人才都有很大需求。既要求技术型人才掌握农业种植、产品加工方面的知识，也要求精通营销，尤其是网络化营销的技能；既要求管理型人才具备现代化的管理理念，也要求对旅游接待、服务能力等方面有更加系统化的认识。

### （一）制度化引入专业人才

倡导和鼓励返乡农民、大学生自主创业；鼓励以往从事文体、艺术、法律、科研方面工作的专业人才及城市退休人员发挥余热，投身到乡村旅游项目，不断丰富人才队伍，优化人才结构；吸引文创、民宿等领域的专业人才留下来，成为"新村民"。

### （二）丰富乡村居民旅游服务技能培训方法，因材施教

首先，将乡村旅游服务技能培训列入人社部门农民技能培训范畴，全方位开展厨师、面点、管理、服务等专项技能培训；其次，通过开办夜校、组织各类协会等方式进行专业服务技能培训；最后，遴选具有资质的农民或村干部去专业的旅游职业技术学校进行进修学习。

### （三）建设乡村旅游技能县、乡两级实训基地

实训基地的主要培训对象是当地居民及小型企业的管理人员。通过集中培训，提高从业人员的专业素质，为当地旅游产业的发展提供充足的人才。同时，当地相关部门也要承担起技能培训的重任，对实训基地的师资筹备和

人才管理负责。基地可以采用"老带新"的训练方法，培养符合乡村旅游产业发展需求的基础型人才。

## 五、在乡村旅游发展中改善乡村旅游公共服务水平

伴随乡村旅游的发展，广大游客对乡村旅游公共服务需求也越来越重视。乡村旅游公共服务水平的高低决定了旅游体验的水平和质量，也代表着乡村旅游的发展现状。

### （一）提高乡村旅游信息服务的对称性

倡导和鼓励建设乡村旅游示范村、示范县等，构建乡村旅游公共服务信息化平台，实现线上线下大数据信息的完整、实时、动态共享。

### （二）提高乡村旅游交通服务的灵活性

在不断改善乡村旅游目的地与城市交通道路服务设施的前提下，注重破解"最后一公里"难题，构建更加健全的交通标志系统，开设节假日、旅游黄金周专用大巴，提高乡村旅游交通服务的灵活性，实现乡村旅游结构布局的进一步改善和优化。

### （三）提升乡村旅游流通服务的便捷性

支持和鼓励设置节假日、旅游黄金周、旅游产品大集，推动乡村旅游目的地电商业务、快递业务的快速发展，不断提高乡村旅游产品流通服务的便捷性和快捷性，以旅游产品附加值带动旅游目的地区域经济发展。

## 六、在乡村旅游发展中促进治理制度规范化

乡村旅游与景区旅游最大的区别就是乡村旅游的全时空呈现。游客进入村庄即进入了旅游目的地，目之所及即游览景观，这种体验从游客进入村庄开始，一直持续到离开村庄。要保证将这种全时空呈现的乡村旅游体验维持在一定的水平之上，就必须以相关制度作为保障。而相关乡村旅游的制度建设必然促使乡村治理走向制度化。

## （一）制定科学合理的乡村旅游发展规划

在乡村旅游发展过程中，很容易走上过度商业化的歧途。要避免这种情形发生，让乡村保留原汁原味，就必须在发展早期制定并严格执行科学合理的乡村旅游发展规划。

## （二）健全关于保持乡村卫生环境的规章制度

要维持乡村的村容村貌，除对基础设施进行提档升级，最重要的就是卫生环境的维持。乡村卫生环境需要责任到户、责任到人，让全体村民共同维持。

## （三）完善精神文明建设的规章制度

精神文明建设的规章制度，如村民文明公约、对文明行为和不文明行为的奖励及惩罚，以及针对村民素质提升的教育培训制度等。

# 第四章 ┃ 乡风文明与乡村治理

乡村治理既要塑形，更要铸魂。乡风文明是乡村精神文明建设的内核，是推动乡村治理现代化的柔性力量、精神支撑和灵魂所系。乡风文明既是乡村对各种文明滋养择善而纳、从容吞吐的气度与尺度所在，也是乡村治理时有所依循、推贤扬善的定力与韧性所在。乡村治理水平的提升，离不开乡风文明"润物细无声"的润泽和滋养。实现乡村有效治理，必须下大力气塑造文明和谐家风，打造乡村精神高地，培育乡村文明风尚。

## 第一节　乡风文明在乡村治理中的价值

### 一、乡风与乡风文明

#### （一）乡风的内涵

乡风，顾名思义，就是"乡里的风俗"，是由自然条件的不同或社会文化的差异而造成的特定乡村社区内人们共同遵守的行为模式或规范。周其仁教授在《城乡中国》一书的开篇中写道："中国很大。不过我们这个很大的国家，可以说只有两块地方：一块叫城市，另一块叫乡村。"我国的乡村即主要从事农业、人口分布较城镇分散，由村落和农舍、田园和庄稼、牛羊猪鸡及时而忙碌时而闲散的人口等具有明显特征的要素组合而成的特定区域。我国最早的诗歌总集《诗经》在内容上分为"风""雅""颂"三个部分。其中的"风"，又叫国风，是从非周王室直辖的地区采集的土风歌谣，其中大部分属于民歌，也就约略有了乡土精神文化生活的意味，大抵能算是传统中国乡风的源头。

乡风自古以来就是淳朴、恬淡的代名词，其本意是人们在乡村物质生活和精神生活过程中形成的风尚和习俗，或是价值观念、生活方式、风土人情等，它是乡村文化发育、储存与传承的重要载体之一。

## （二）乡风文明的内涵

2005年，党的十六届五中全会首次将"乡风"和"文明"合起来作为一个整体概念提出来，指出社会主义新农村建设总要求是"生产发展、生活宽裕、乡风文明、村容整洁、管理民主"。国家"十一五"规划纲要首次将乡风文明建设纳入国家战略层面。国家"十二五"规划纲要提出要"推进农村乡风文明建设"。国家"十三五"规划纲要提出要"培育良好家风、乡风、校风、行风，营造现代文明风尚"。党的十九大报告中做出了实施乡村振兴战略的重大决策部署，并提出要按照"产业兴旺、生态宜居、乡风文明、治理有效、生活富裕"的总要求加快推进农业农村现代化。

乡风文明指的是，在乡村地区百姓相互礼敬、守望相助、和睦相处而形成的良好社会风尚，具体表现为敦厚质朴、重视亲情、重义轻利、自强不息等优秀社会风尚。乡风文明的核心要义或本质就是农村的精神文明建设。乡村振兴战略下的乡风文明，其内容涉及文化、法治、风俗、社会治安等多个方面，具体包括以下九个方面。

### 1. 文化传承

优秀传统文化是民族文化的珍贵遗产，是一个民族的根和魂，它蕴含着深厚的历史文化底蕴和精神内涵。乡风文明应该重视宣传传统文化，传承延续本土的民俗文化，挖掘本土的文化宝藏，弘扬传统文化底蕴，激励村民把本土文化发扬光大，激发村民的文化热情，使乡风文化变得更加鲜活。

### 2. 生态保护

生态环境是人类赖以生存的基础，保持良好的生态环境具有重要的现实意义和深远的历史意义。乡风文明应该促进村民环境保护意识的提升，保持生态环境的绿色原生态，主动开展节能减排和环保活动，推动绿色消费，崇尚低碳生活。

### 3. 和谐家风

家庭是乡村的基本单位，家庭和睦、和谐相处的氛围也会影响村庄的整体氛围。乡风文明应该鼓励孝敬父母、关心家人，实施良好的家庭教育，让每个家庭的孩子健康成长，成为乡村的希望之花。

### 4. 政治觉悟

政治觉悟是农民成长的基本点之一。让农民提高政治觉悟，增强法治观念，积极融入国家文化发展的大趋势，是实现乡风文明的基础。

### 5. 生活方式

生活方式对一个人的思想品质和行为有着重要的影响。乡风文明应该推崇健康文明、精神富足、和谐快乐的生活方式，杜绝不良生活方式、不健康的生活习惯及恶习。

### 6. 品德道德

品德道德是乡风文明的重要内容之一，体现了一个人的思想品质和行为。乡风文明应该推崇品德高尚、廉洁自律、诚实守信的行为准则，创造良好的人际交往环境。

### 7. 文明交通

交通是城乡社会和经济的连接纽带，交通行为关系到身体健康和人身安全。乡风文明应该鼓励文明交通行为，遵守交通法规，建设安全文明的道路系统，让交通变得更加文明。

### 8. 社交礼仪

社交礼仪体现了当代乡村精神文化的水平和村民素质的高低。乡风文明应该注重村民的礼仪教育，培养村民刻苦自律、紧密联系的乡村生活风格。

### 9. 创业精神

创新创业是发展现代农业和发展乡村经济的必备条件之一，也是脱贫致富的关键所在。乡风文明应该培养和支持村民的创新精神和创新意识，以村民自身特点和资源优势为背景，挖掘和解决问题，实现创业梦想。

## 二、乡风文明对乡村治理现代化的价值

作为中华文明的重要组成部分，乡风文明始终是维系中国农村社会秩序稳定的精神力量源泉。诸如我们的祖先极力提倡而推崇的传统美德"孝悌文化"、中国乡村社会自古就有的崇德向善的精神力量"乡贤文化"、家族成员长期恪守的融入血脉的家训家风、维护农村社会秩序和社会公共道德的"村规民约"等，所蕴含的人文精神、道德规范、传统优秀思想观念都发挥着凝心聚力、淳化民风、催人积极向上的作用。人民群众对美好生活的向往就是

我们的奋斗目标。新时代，人民群众对美好生活的需求，尤其是美好精神生活的需求愈加强烈。乡风文明事关乡村社会的全面振兴与和谐稳定，培育好文明乡风，使物质文明建设与精神文明建设美美与共，才能更好地凝聚民心、凝聚共识，才能更好地调动广大群众的积极性。

## （一）有利于引导乡村"自治"

中国自古就是乡土中国，费孝通先生曾把中国农村称为"熟人社会"。这种"熟人社会"有两个特点：一是大家从小就生活在一起，彼此熟悉，互相帮忙；二是农民世世代代生活在这里，相互交往，知根知底，彼此信任。由此，在这种社会氛围中形成了具有强烈集体观念和团结互助精神的乡风文明。进入现代社会后，农村集体经济的快速发展，不仅得益于党中央的正确领导，也得益于乡风文明体系下的乡村共同体意识。新时代，应利用和发扬传统乡风中的"团结协作"和集体主义精神，团结农村社会一切可以团结的力量，巩固乡村治理共同体，集思广益；重新拿起村规民约，通过集体参议、立约，将同心同德、恪守成规、不得违背等内容再次列为约束日常生活的原则，让乡约成为填补法律空白的"准法律"，打造真正的"村庄治理共同体"，有利于引导村民自治，助推乡村治理现代化在村民的自觉行为和主动参与中前进。

## （二）有利于强化乡村"法治"

文明是一种软指标，法治是一种硬措施。乡村法治建设离不开乡村法治文化的滋养、法治环境的塑造和村民法治意识、法治素养的提升。文明乡风为乡村法治提供了良好的文化软环境。提升农村干部群众的法治意识、增强全民法治修养是乡风文明的重要内容。加强乡风文明建设，不断完善乡规民约，加大普法力度，加强法治宣传教育，深挖农村传统法治文化，盘活乡村法治元素，复兴家风家训，引导群众向善、向美、向好，形成尊法守法的良好风尚，让群众在民主参与村级事务中有序协商、自我管理，在潜移默化中以文化人、涵养民风，增强法治文化的影响力、渗透力，形成办事找法、遇事找法、解决问题用法、化解矛盾靠法的社会环境，有利于乡村社会各种矛盾的化解和良好秩序的形成，能够为乡村治理注入法治动能、促进乡村社会长治久安。

此外，不同地区的乡风文明载体各有特色，应以乡风文明建设推进各地挖掘农业产品、乡土文化等资源，如开发古村落、传统手工艺、民谣、戏曲等，以壮大特色产业，助力乡村振兴。这不仅能保障农村基层社会治理的经费稳定，而且能提高村民收入，实现村民的物质生活与精神生活双丰收，还有利于乡村治理水平的提升。

### （三）有利于维护乡村"德治"

基于"熟人社会"的模式，中国乡村社会也是一个"人情社会"。中国村民的性格极其淳朴，村民人际关系简单，彼此相互了解、信任，社会环境总体上相对和谐、保守。

乡风文明建设和国家公民道德建设要求有着内在的一致性，首先就是要注重个人品德的培育，这与传统社会注重"修身齐家"的理念息息相通。培育文明乡风，就要把公民个人品德修养作为出发点，把家庭美德、职业道德、社会公德统一起来，在社会上做一个好公民。从这个意义上说，搞好乡风文明建设也有利于村民建立对中国特色社会主义的道德认同。新时代，要充分利用传统农村"追求共性""崇德向善"的乡风特质，将社会主义核心价值观融入其中，培育广大农民群众的价值共识；鼓励乡贤回流，培育新乡贤，增强乡贤参与乡村治理的积极性，发挥"德治"的教化作用，促进乡村和谐稳定。

# 第二节　乡风文明建设的探索、困境与优化

## 一、各地在乡风文明建设中的探索

近年来，随着乡村振兴战略的不断推进，全国各地政府和相关部门不断加大资源供给和政策、资金支持力度，加大基础设施建设和宣传引导力度，大力推进乡风文明建设，基层党组织、党员、群众齐心协力，社会多元力量广泛积极参与，乡风文明程度不断提升，乡风文明建设在助推农村基层社会治理现代化过程中取得了重大进展和显著成效。例如，在基础设施建设方面，农村公共文化服务和农家书屋、文化广场和体育健身等基础设施建设大

为改善；在思想文化素质方面，大批高雅文化艺术下乡，农民的思想道德素质和科学文化素质明显提高，法治意识逐渐增强，文明化程度日益提高；在乡村环境方面，村民乱扔垃圾现象有所改善，卫生环境脏乱差、路面坎坷不平等状况得到有效治理；在风俗习惯方面，不断推动移风易俗、破除陈规陋习。

2020—2022年，农业农村部发布了三批共84个全国村级"乡风文明建设"优秀典型案例（第一批21个、第二批25个、第三批38个），生动展现了各地在乡风文明建设方面操作性强、可复制的经验做法。总结这些案例和其他典型案例后，可以发现乡风建设的推进路径主要体现在以下五个方面。

### （一）积极发挥党组织引领作用

乡村发展离不开好的领导班子和带头人。近年来，村级党组织的组织力不断加强。一批能干事、不怕事、敢担当的中青年干部正逐渐成为基层党组织的中流砥柱，一些大学毕业生、创业精英和退休教师、退休干部等勇担重任，与驻村干部、大学生村官一起协同发力，有效提升了基层党组织的决策力、执行力和战斗力。同时，基层村民自治工作机制和协商民主制度不断完善，过去党员代表大会、村民代表大会开不起来和形式化的问题得到改善，村民的意愿和心声得以表达。在一些长期积弊较深的地区，党建引领基层治理创新，使得乡风文明建设卓有成效。

北京市顺义区石家营村坚持党建引领"强村基"，注重发挥党支部的战斗堡垒作用和党员先锋模范作用，坚持把党的建设作为推进移风易俗、培育文明乡风的重要保障和推动力量，党员带头遏制陈规陋习，以实际行动带动身边人转变思想、更新观念。

上海市松江区井凌桥村的村"两委"始终坚持把文明乡风建设与党务、村务工作有机结合、贯彻始终，发挥党总支的战斗堡垒作用，组建以村"两委"班子成员挂钩负责，党员志愿者为主，网格长、巡查志愿者为辅的宣传指导小组，积极投入"垃圾分类，党员先行"、农村人居环境整治等系列活动，坚持党组织引领、党员示范、群众参与，着力打造共建美好家园的工作格局，始终注重发挥党员的榜样力量，通过签订党员承诺书，强化党员的责任意识和思想认识。

## （二）党群联动，汇聚多方力量

乡风文明建设除了党组织的引领，还需要激发广大群众的积极性。近年来，在村党组织带领下，各地普遍建立联动机制，引导和发动退休老党员、老干部、老教师和退伍老军人，以及关心支持乡村建设的乡贤精英，成立乡贤理事会、慈孝文化促进会、爱心文明委员会等，协同共青团、妇联组织，共同投身环境整治、修桥铺路、教育养老、文化建设、纠纷调解和移风易俗等，弥补政府公共服务不均衡不充分的短板，激发乡村互助传统，以及广大村民的志愿服务精神和集体荣誉感。

山东省宁阳县青川围子村动员村民参与制定村规民约，对村内大小事项做出约定，建立村庄共建议事制度；积极动员村中各方力量，组建起有组织保障、机制引导的红白理事会、道德评议会、村民议事会、禁毒禁赌会，帮助村民办理红白喜事、化解矛盾纠纷。

山东省潍坊市青州市益都街道西高村按照自愿参加、择优纳入的原则，公开吸收优秀老党员、老干部、老教师、老模范、老军人等建立起26人的"五老"志愿服务队，为村庄集体经济壮大、公益事业发展等工作献计出力，为村"两委"决策提供意见参考，为民情民意反馈提供渠道。"五老"志愿者在村"两委"领导下，积极开展政策宣讲、纠纷调处、文明劝导、安全排查、村务监督、疫情防控和疫苗接种宣传引导等志愿服务工作；遇到土地房屋纠纷、村庄规划等重大任务或棘手问题时，出主意、做引领、当表率。

## （三）制定村规民约，促进乡风文明

无规矩不成方圆，村规民约是推进精神文明建设、促进乡风文明的有效抓手。近年来，随着乡村治理的深入推进，很多农村地区结合实际因地制宜，充分考虑本地的风土人情和地域特色，广泛征求村民的意见建议，充分尊重村民的主体地位，制定村规民约，教育、引导、规范群众日常行为，取得了良好的效果。

苏州黄埭镇胡桥村把《村规民约》作为助推乡风文明建设的抓手，在《村规民约》修订过程中，胡桥村充分发动村民、律师等群体积极参与，通过征集民意制定相关内容，以规立德滋养文明乡风，不断提升村民文明素养。

安徽当涂县大陇镇新丰村通过村民代表大会进行充分酝酿讨论，制定符合本村实际的《婚事新办模式》《丧事简办模式》《红白理事会章程》等，使村民办事有章可循；村规民约出台后，在各自然村进行公示，并通过村里的电子大屏幕、大喇叭循环播放；村规民约不仅仅局限于遏制婚丧嫁娶大操大办，针对随手乱扔乱倒垃圾、不敬不孝、婆媳不和、邻里不睦、酗酒赌博等违背公俗良序的现象，也有明确的惩戒办法。村民遵守村规民约的条款可以获得积分，每季度可到村民委员会设立的积分超市兑换相应分值的奖品。

### （四）弘扬优秀传统文化和传统美德

优秀传统文化和传统美德是乡风文明的历史根基。各地积极结合乡村实际和时代需求，大力弘扬优秀传统文化和传统美德，开展"好媳妇""好婆婆""道德模范""身边好人"评选活动；创建"文明家庭""美丽庭院"，举办"弘扬好家风、传承好家训"活动等，通过榜样典型的示范推动构建新时代家庭伦理新秩序；将中华传统美德与志愿服务体系相融合，引导社会各界开展敬老爱老、扶贫帮弱等公益活动，打造中国特色志愿服务体系。

浙江下姜村注重把农耕文化优秀遗产和现代文明要素结合起来，并赋予其新的时代内涵，推动乡村文化底蕴的挖掘、传承，将建村以来的风云事迹、历史名人收录在村志中，挖掘梳理特色民俗活动及多年流传的传统手艺，将本村的著名历史事迹整理完善，并在村庄文化长廊中展出，为子孙后代留下精神遗产。

河北省威县孙家寨村弘扬孝道文化，每年重阳节，举办孙家寨慈母孝子评选活动，评上"慈母之家""孝子之家"的模范由县文明办及镇领导颁发奖品、挂匾戴花，在村里伴着锣鼓声沿街巡游，让道德模范成为大家身边的榜样、楷模，培树了"零彩礼姑娘"王慧莹、"给公公找老伴的好媳妇"石秋菊等一批乡风文明典型。

山东省宁阳县青川围子村每两年开展典型评选，选树移风易俗、自觉抵制歪风邪气的"道德模范""文明户""最美青川围子人"等典型，用"品德榜"展示风采，用凡人善举感召群众、垂范乡里，组建乡村讲师、文艺惠民、便民服务志愿服务队，围绕理论宣讲、移风易俗、文化宣传等重点工作，聚焦群众需求，提供及时有效的服务和帮助。

### （五）软硬件齐抓并举，筑牢思想阵地

乡风文明建设中，各地加大农村文化建设投入，强化软硬件建设，丰富活动载体。新时代文明实践站、文化礼堂、村史馆、农家书屋、农村大舞台等公共文化设施已经遍布乡村，一些经济条件较好的地区，已经进入公共文化建设的提质增效阶段。

山东省曲阜市武家村成立了济宁市首个新时代文明实践中心，作为"儒家讲堂"的授课点；为留住乡愁记忆，在原来闲置的农资超市基础上，打造乡村记忆馆，先后改造提升农家书屋、家风家训展室、文化活动室等服务场所，配齐配强硬件设施，定期开展文化活动；将"四德"工程、好人榜等上墙，用会说话的"文化墙"展示文明、健康、积极向上的文化气息、文明风尚，补齐群众"精神短板"；组建腰鼓、太极拳、广场舞等文明实践队伍，创新开展"点单"式活动，让村民从活动的观众成为主角，累计开展各式活动上百余场。

河南省平顶山市鲁山县张庄村将空心院打造成张庄讲理堂、藏书1万余册的"桐花书馆"、张庄戏院、黄河湾书画院、民俗馆等场所，整合空地，修建占地2000平方米的文化广场，配备健身器材，设置电子屏幕，为开展移风易俗活动提供场地。

## 二、乡风文明建设的现实困境

党的十九大以来，我国乡风文明建设取得了很大成绩，不良乡风得到很大程度的扭转。但乡风文明建设是推进农村基层治理现代化过程中的重难点，当前仍存在一些亟待进一步解决的现实问题。

### （一）部分农村基层党组织和村民对乡风文明建设的重视程度还不够

中国特色社会主义已步入新时期，但是，部分干部群众思想依旧停留在过去，墨守成规。

一方面，一些党员干部把主要精力都放在抓经济发展上，认为只要经济发展上去了，乡风自然就会文明；有的党员干部认为乡风文明建设是"软指标"，潜意识中存在着"乡风文明不是很重要""只要抓好经济就行，其他事

可以放一放""乡风文明比较虚，不好抓""很难实现乡风文明"等偏见或错误认识，思想上的轻视使农村基层党组织对乡风文明建设的决策安排落实不到位，甚至停留在"口头"建设上，形式大于实际，工作没有深入去抓，流于形式，因而效果不明显。

另一方面，由于受到受教育程度、历史传统、宣传不到位等因素的影响，导致部分村民对乡风文明建设重视不够，这主要表现在有些村民对乡风文明建设完全不知或不甚了解，或是知道也不遵守社会道德和相关制度。这也凸显出进一步加强乡风文明建设的重要性。

### （二）部分村庄村规民约及相关法律制度还不够完善，制度执行力不高

制度是加强乡风文明建设的重要保障。通过调查研究发现，从制度上加强乡风文明建设还存在着以下两个方面的问题。

一是村规民约及相关法律制度还不够完善。有些乡村根本没有或不重视村规民约；有些乡村虽然有村规民约，但内容不符合本村实际，制定程序也不规范，或者制定时间久远，篇幅短小，或者内容空泛、千规一面、流于形式，缺乏对红白喜事、高价彩礼、随礼礼金、铺张浪费等行为的约束，甚至存在村干部替民拟约、照抄照搬邻村规约或网上规约的现象。从原因上分析，这与对乡风文明建设重视不够、落实不到位、乡村人才的流失、村规民约的复杂性等因素有关。

二是村规民约及相关制度执行力不高。有些村民不清楚村规民约及相关制度的内容，这与宣传不到位、村民文化水平低有关。还有些村民明知村规民约及相关制度的内容，也不会按照制度办事，往往是涉及自身利益的时候就抛弃了制度，对别人却大谈特谈制度，这主要是由于村规民约及相关制度众口难调、缺乏强制力等，凸显出修订和完善相关法律以保障村规民约顺利实施的必要性。

### （三）部分农村基础文化设施的利用率不高

目前，大部分农村都在一定程度上建设了文化基础设施和活动场所，包括乡镇文化站、村文化室、农村电影放映厅、阅览室、农家书屋、文化大院等，同时配备了相应的文化器材和用品，但有的农村没有常态化开展集体性

的文化活动，文化设施的利用率不高，甚至处于闲置状态。部分基层文化站中的图书上落满灰尘，电子琴及二胡等乐器也束之高阁，无人问津。有的文化设备从来没有启封，活动室常年上锁，农民平时除了看电视就是打牌，正常的文化活动和社会交往缺乏，以至于村民的精神世界相当匮乏，村民委员会没有凝聚力。因此，开展多样性的文化活动和实践活动，用好、用活乡村公共文化基础设施，让乡村文化生活丰富起来、让农村日常生活热闹起来，是进一步强化乡风文明建设的重要组成部分。

### （四）部分地方政府只重视政府主导作用而轻视农民主体作用

部分地方政府在办一些具有民风民俗和文化引导的基础性工作时，不注意调动农民的积极性，把农民当成局外人。有的地方政府把乡风文明建设简单地理解成给农民修活动室、送文化活动，但事实是由于县乡政府的一厢情愿，不了解农民的真正需要，结果出现政府出钱演戏农民却不看的情况，让政府努力做事的效果大打折扣。久而久之，农民反而觉得乡风文明建设是政府的事，自己便袖手旁观了。农民的主体责任没有得到体现，积极性没有发挥出来，使乡风建设的空间越发变得狭窄。例如，一些地方的村规民约表面上是村民商量后的共同约定，实际上很多是地方政府制定的条款，村民认可度不高，实际操作性自然也不强。

### （五）乡风文明建设专业人才仍然相当缺乏

乡风文明建设要靠人来干，需要有专业的文化人才、管理人才队伍，需要各类乡土人才的参与。相关调查结果表明，实际运行中，当前很多地区农村乡风文明建设仍存在人才保障不足等问题，文化建设和管理人才仍具有相当大的缺口。由于专业管理人才的缺乏，导致乡风文明建设的水平仍然比较低下。因此，不断地强化人才队伍的建设，也是当下乡风文明建设亟须解决的一个问题。

## 三、乡风文明建设助推乡村治理的优化路径

针对我国乡风文明建设方面存在的一些问题，需要从实际着手，通过发挥基层政府的引领作用、提升广大农村的思想认识、完善村规民约、创新开展移风易俗实践活动及培养乡风文明建设的管理人才队伍等方面，不断提升

乡村精神文明建设水平，推动乡村文化振兴，促进乡风文明。

（一）加强宣传引导，增强干部群众对乡风文明建设重要性的认识

加强乡风文明建设，各行各业都有义不容辞的责任。政府要加强认识，把乡风文明建设作为一项重要工作来抓。要搞好顶层设计和统筹部署，各有关部门要进一步明确职责分工，配合协作，改变过去单靠某一个部门抓的局面，努力形成党委领导、政府主管、部门配合、群众参与、齐抓共管的工作合力。要加大资金投入力度，不断增加对农村精神文明建设和文化、体育、环境卫生等基础设施建设的投入。要把乡风文明建设纳入本地、本部门、本系统经济社会发展规划，纳入重要议事和工作日程，纳入工作目标责任制考核内容，做到定期研究，及时发现和解决存在的困难及问题。要加强对农民的思想宣传教育。文化宣传部门可以联合农业部门举办新型职业农民培育课程，安排专项课时进行文化教育，提高农民的整体文化素质。培育内容要注重发掘总结农民身边的鲜活事例，联系群众的思想实际，把讲道理与讲故事结合起来。要坚持宣传方式创新，加强网络宣传、全媒体宣传。

（二）进一步修订完善村规民约，提升乡风文明约束力

首先，要依法依规修订完善村规民约，村规民约的内容要遵守宪法和相关法律规定，不得侵犯国家、集体利益和群众合法权益，对违法违规的条款，应当予以清理和修订。其次，将移风易俗相关事项纳入村规民约，统一制定符合本村实际、操作性强的婚丧嫁娶标准，通过张贴公告、入户宣传、与每户家庭签订《移风易俗承诺书》等形式，使每名村民成为移风易俗的知晓者和践行者。对不按照规定大操大办的，采取红白理事会不能参与、停止下发村民集体各项福利、取消家庭及成员评选先进资格等方式，教育引导群众进行自我约束。最后，政府出台相应政策，鼓励有条件的村镇建立公益性祠堂或公墓，由专人主持殡葬仪式、统一安放骨灰，这不仅能简化现有丧事流程、节约土地，还能减轻村民负担、方便祭拜。

（三）创新丰富多彩的实践活动，提升文化设施利用率

推进乡村各类公共文化设施的整合利用，推动各类活动经常化、制度化

地开展起来。打破政府"单一供给"局面，加强"多元供给"，鼓励和支持社会力量兴办公共文化服务活动，激活农村文化市场活力。整合民间艺术资源，发挥文化能人、民间艺人的作用，组建群众文艺队伍。积极开展群众喜闻乐见的精神娱乐活动，广泛动员农民参与，"农民演给农民看"，将道德教化与文艺结合起来，以相声、小品等农民喜欢的形式来宣讲乡风文明，使表演者和观众都能受到教育。通过积极地开展星级文明户评选、道德模范评选活动等，促进良好乡风的形成。

### （四）坚持村民主体地位，组织全民参与

乡村振兴的主体是村民，乡风文明建设的主体亦是村民，村民的综合素质水平决定着乡村文明建设的成效。党委政府和基层组织作为发动者、领导者、指挥者，必须深入了解群众需求，因地制宜，根据乡村的实际发展情况和特点制定或修订村规民约，精准对接村民需求，分层次、有区别地开展各种文化活动和文明实践活动，使乡风文明成为村民的自觉要求和行为目标。要注重发挥村民在乡风文明建设中的主体作用，充分尊重村民意愿，广泛征集村民意见，积极回应村民关切，引导村民主动参与、积极转变、积极建言献策，激发村民的积极性、创造性，使其真正成为乡风文明建设的主力军。

### （五）培养乡风文明建设的管理人才队伍

着重培养一批专业水平高的乡村文化群众团队，为乡村的文化建设带来新的风貌。加强农村宣传专门人才的引进，对村民进行社会思潮和宗教的讲解辨析，正本清源，扶正祛邪，巩固和壮大乡村意识形态阵地。培养专业文化人才，积极支持社会力量投入农村的乡风文明建设，鼓励一批高素质、有情怀的知识分子、退休干部、文化名人、新型农民和大学生村官等群体参与到农村文化建设。培养乡土文化能人，留住乡土文化人才。对于当地有艺术特长、扎根基层的民间文化传承人、非物质文化遗产项目传承人，给予资金支持和文化产业优惠政策扶持。鼓励中青年人发展文化产业，培育打造乡村文化和旅游能人，带动当地文化产业发展。组建以热爱传统文化、热心公益事业的老教师、老干部、老党员等为主要力量的志愿者团队，在村里开展日常性宣讲活动，激发乡村文化振兴活力。

# 第三节　乡风文明建设视域下的乡村文化建设

乡风文明建设需要活化乡村文化，以乡村文化涵养乡风文明。加强乡风文明建设，既要传承优秀传统文化，更要发挥好先进文化的引领作用，同时充分尊重乡村本位和农民主体地位，围绕农民需要提供文化服务，组织农民开展文化活动，提升农民素质和乡风文明程度。纵观当下，一些地区对乡村文化的价值认知不足，导致乡村文化流失，成为乡风文明建设的主要阻碍因素之一。因此，振兴乡村文化是重塑乡风文明的必由之路。

## 一、乡村文化的概念与特点

乡村文化是一种源于乡村生活、不同于城市文化的文化，是乡村民众在长期的生产生活实践过程中所形成的一种精神意识、生活方式与价值取向，其价值意蕴既利于良好乡风文明的营造，又利于乡村社会的持久发展。广义上的乡村文化，既包括乡民行为方式、价值观念、人情习俗、制度文化等生产生活文化，也包括乡村景观、建筑村落、交通通达度、生活便利度、市场繁荣程度等物质文化。

乡村文化主要有以下七个特点。

### （一）乡土性

我国的社会文化总是会表现出极为浓重的乡土性特点，对于长期在农村地区生活的农民来说，这种乡土性表现得更加突出，甚至演变为一种人们心中的乡土情。从原始意义上看，"乡土"是众多作家的物质家园。其中表现出的对土地、村庄、故乡的怀念，又转化为一种对物质家园的精神追求。因此，"乡土"也成了文明的发源地。人们生活在乡村，对身边每一个人都很熟悉，村里也很少有外来人。如果某人离开了村庄来到外面的世界，会感到陌生和不适，这好似走出了自己的象牙塔一般。正是在这种乡村文化中，人们形成了重土难迁、留恋家乡、落叶归根等固守的乡土思想。

## （二）在地性

乡村文化的载体为农村，农村是乡村人生存的土壤，在这片土地上产生出的多数事物都很容易产生较好的群众基础，这些事物与村民的日常生活、生产劳动和休闲娱乐之间有着紧密的联系。乡村文化所具有的在地性，能将其不分阶级的特点展现得淋漓尽致。融入人们生活中的乡村文化围绕在每个人的身边，以至于无法准确分辨这些文化中哪些属于生活、哪些属于文化，从而成为村民的生活方式。

## （三）继承性

从文化学的视角看，文化是具有继承性的。尤其是我国历史悠久，农耕文明延续了几千年，伴随漫长的乡村农耕经济发展，我们的传统文化源远流长，文化的这种继承性也就表现得更加明显。一方面，我国乡村文化流传千年的历史传承，使其具有了一定的"惯性"。例如，在很多地区的农村，丰富的乡村文化早已经内化为村民心灵世界的一部分，很多农民的思想观念和行为方式依然残留着许多过去的印记，而且这种"惯性"也使每个身处其中的人对其自然而然地产生了认同，并遵循"古法"继续行事，如此也就使得在我国众多农村地区都有许多乡风民俗存在，有的甚至成为乡村最大的特点。正如我们所看到的，在很多地区的村庄，至今仍保留着传承千年的古老文化和习俗。另一方面，随着全球化背景下全球交往的扩大，各个民族的文化（包括乡村文化）都在不断地交流融合、相互借鉴，传统文化难免受到一定程度的冲击，乡村文化在吸收人类文明精华后，也在不断创造新时代的新文化。

## （四）民族性

民族的概念是在社会发展中逐渐形成的，其体现了民族的文化特征、思维方式及行为习惯。一个民族的民族性是区别于其他民族的标志，乡村文化就带有一定的民族性特点，它能用具有民族特色的文化娱乐形式反映社会现实生活，当然这也与它的地域性、在地性和文化性等特点有关。如此说来，乡村文化的民族性可以被理解为一种众多人聚居在农村地区后形成的共同生活内容。以在节庆中进行的庆祝活动为例，同样是为了庆祝某个节日或节气，不同民族的村民会以不同的方式进行表达，如汉族人爱唱社戏、舞龙舞狮、踩高跷、划旱船，维吾尔族人会跳起舞蹈，藏族人会表演假面戏剧，壮族人会对山歌，等等。这些不同民族的村民以不同的方式展现出乡村文化的民族性特点。

## （五）地域性

我国自古就有"一方水土养一方人"的说法，还可以将这句话理解为"一方水土孕育一方文化"。乡村所处的地理、历史、经济、气候等环境都会对村民的生产生活活动构成影响，这使得他们的文化被打上了地域烙印，展现出显著的地域性特征。例如，靠海而居的村民，其文化的很多内容都与海有关；生活在草原上的村民，其文化与草原紧密相连。这都反映出不同地域村民的生活内容和精神气质。

## （六）多样性

我国乡村文化历史悠久、根基深厚、影响深远，更重要的是，这种文化种类多样、丰富异常。我国乡村文化的多样性是由多样且复杂的地理环境决定的，不同的地理环境给乡村人的生活带来了不同影响，形成了迥异的生活方式。再加上我国民族众多，更使得乡村文化多样性的特点愈发浓厚。

## （七）时代性

文化本体就是带有时代性特征的，这也使得乡村文化具有时代性的特点。时代总是处在变迁之中的，时代的变迁必然影响文化本身，最终推动文化与时俱进。文化只有适应时代的变化，才能被更好地传承下去。新中国成立之后，特别是改革开放之后，面对时代的大变迁，乡村文化也随之发展。过往村民的经济来源只是单一性地售卖农产品，但在新时代、新形势背景下，人们逐渐转变了理念、开阔了思维，将更多产业引向农村，促使乡村开始朝着兼业、多业方向发展，劳务经济的发展势头也更为迅猛。在时代要求下，村民不再将"安土重迁"的传统观念奉为唯一信念，而是成为"离土不离乡""离乡不离土""离乡又离土"的新型村民。

## 二、乡村文化的功能与价值

### （一）乡村文化的功能

乡村文化植根于村民的日常生产生活实践，凝聚了世世代代村民对美好生活的向往。乡村文化一方面是社会总体文化的重要组成部分，另一方面是构成乡村人生活文化史的主体与核心。如此来看，乡村文化自然具有多种功能。

**1. 导向功能**

文化总是会对人的生活习惯或方式产生一定的制约作用，当然这种影响是带有一定价值取向和标准的。积极向上的优秀乡村文化是值得推崇的，它能开阔人们看待事物的眼界，丰富人们的思想，更重要的是能让村民产生一种文化归属感，这对建设社会主义和谐农村具有巨大价值。

**2. 经济功能**

乡村文化是乡村人在很长一段时间内物质创造和精神文明的积累，其中包含与经济有关的内容。乡村文化中经济功能的发挥主要体现在提升乡村的生产力方面，为此，如果能充分利用好这一功能，就可以将乡村文化作为产业经济去经营，创造可观的经济收益。例如，现在已经有许多乡村开展了剪纸、泥塑、砖雕等产销经营活动，这些产品非常具有乡村特色，对这部分市场需求是一种满足，市场前景良好；乡村风情、风俗、歌舞、仪式等表演，也是丰富乡村旅游产业的重要内容；农家饭根植于乡村本土的食材供给，给来访游客带来了饮食方面的新奇体验。由此可见，乡村文化对增加乡村吸引力和活跃乡村经济所起的作用是非常积极的。

**3. 娱乐功能**

众多乡村文化自带娱乐属性。之所以如此，是因为农民的务农活动总是大量消耗体力和精力，在劳作一天后，人们总想通过休闲娱乐放松一下心情和身体，一些原始的舞蹈、歌曲等就传播开来，成为最早的乡村娱乐文化表现形式。事实上，乡村文化的娱乐功能是一直存在的，如人们最为熟悉的舞龙舞狮、扭秧歌、划旱船等文化活动，是人们休闲娱乐的重要方式。

**4. 规范功能**

这里首先需要明确乡村文化的规范功能的含义，即通过观念形态的长期思想教化，促使农民学习、适应与认同。乡村文化对村民的规范作用主要涉及道德、信仰、习俗、法律及众多不成文的约定等。尽管乡村文化的规范功能不及法律有严肃性和绝对效力，但受其影响，村民始终会在行事之前有所顾忌。从这点来看，乡村文化的规范功能颇为有效地引导着村民的社会规范与行为规范，这几乎在我国所有乡村中都存在。

## （二）乡村文化的价值向度

乡村文化伴随农业社会而生，一直是广大村民安顿心灵、赖以生存的精神归宿。但随着现代化和城镇化的发展，工业文明不仅带来了技术上的冲击，也对人们的生产生活方式和思想产生冲击。受其影响，很多人渐渐认为乡村是"落后"的代名词，乡村文化是"旧"的文化，对其价值认识不足，使乡村文化经历了不同程度的破坏和流失。新时代背景下，我们有必要对乡村文化的价值进行重新认识。

### 1. 乡村文化是民族文化的根脉

要想了解一个特定民族的文化，无论到哪个国家，都必须去乡村。这是因为城里已经形成了一种多元融合的或者说杂交的文化。乡村文化源于中国几千年的农业经济社会，是民族文化的源头和底色。中国乡村文化中蕴含着传统文化的思想精髓和价值理念，诸如"道法自然、天人合一"的哲学思想，耕读传家、崇文重教的立身之道，遵时守位、知常达变的思想理念，崇德向善、守望相助的传统美德，自力更生、俭约自守的生活理念，等等。这些价值理念渗透在人们的行为习惯中，并内化为内在的文化精神，成为中华民族最根本的血脉和印记。在漫长的历史发展过程中，乡村文化一直扮演着重要角色，成为我们代代相传、发展壮大的动力源泉。从这个意义上说，保护乡村文化就是保护和延续文化传统，就是维护好中国社会可持续发展的根基。

### 2. 乡村文化为乡村振兴提供精神动力

我国地域辽阔、民族众多、历史悠久，各地在长期历史沉淀中形成了"百花齐放，百家争鸣"的乡村文化生态。乡村文化千姿百态，孕育了优秀的传统文化精髓，为整个中华民族提供了丰富的精神滋养，也留下了众多文化古迹、文化艺术、风土民俗、文艺特产，以及别具风采的村落村寨、古典建筑等。随着人们对自然健康、绿色休闲等消费需求的不断增强，乡村文化的经济价值也渐渐凸显出来，这就为乡村振兴提供了宝贵的文化资源。开发好、利用好、发展好乡村文化产业，既是振兴乡村的题中应有之义，也是推动乡村文化与经济融合发展的重要途径。以文化产业赋能乡村振兴，"以文塑旅、以旅彰文"，文旅深度融合，让人们"富脑袋""富口袋"，打造"环境美、产业旺、文化兴"的富民惠民乐民新业态，实现"绿水青山"与"金山银山"的双赢。

**3. 乡村文化为稳定乡村秩序提供精神纽带**

相较于城市，传统乡村社会凸显出稳定、自足、自适的文化特征。农业经济靠天吃饭的性质决定了其经济产出的每个环节，从耕作、播种到生长、收获，必须做到"天人合一"。一家一户的生存状态虽然可以自给自足，但是大中型工程项目必然需要通力合作，所以人与天、地、邻居都要保持"和"的密切友好关系。这种"天人合一"的观念和守望相助、邻里亲睦的关系建构起有序的乡村社会。此外，乡村社会往往聚族而居，一个家族的族长通常都是德高望重的乡绅，他们用言传身教及家训、家规等家族文化对族人进行教化，这些人文教化与乡规民约共同维持并制约着乡村社会的平衡。

**4. 乡村文化为文化自信提供精神引领**

习近平总书记反复强调，"文化自信，是更基础、更广泛、更深厚的自信。坚定文化自信，是事关国运兴衰、事关文化安全、事关民族精神独立性的大问题"。中华民族在长期的生产劳动和科技变革中，谱写了勤俭节约、崇德向善、耕读传家的文化长歌，造就了浩如烟海的典籍史料。乡村文化包含着世代相传的家风祖训、革故鼎新的民族智慧、气象万千的地域风格，因而成为中华民族生长赓续、不断创新的文化摇篮。在5000多年文明发展史中孕育的中华优秀传统文化是中国文化自信之根，它根植于农耕文明的沃土。乡村文化是中华优秀传统文化的重要组成部分，是农民的精神家园和心灵寓所，是增强文化自信的重要资源。

## 三、乡村振兴视域下乡村文化建设面临的挑战

乡村振兴战略背景下，乡村经济、教育、民生等各方面的提升，为乡村文化发展提供了可靠的物质基础。然而，经济基础的变革往往会带动上层建筑的波动，在"传统"与"现代"的矛盾冲突中，乡村文化正面临着被解构和侵蚀的危机，面临主体流失、传统文化资源流失等困境。

## （一）城市化、工业化对乡村文化的负面影响

伴随我国城市化进程的加快，乡村在城市化的虹吸效应下被动卷入现代化之中，现代化的观念涌入乡村，乡村文化被打上了传统、封建、愚昧、落后的标签，人们对乡村民俗文化的传承日渐淡漠。与此同时，乡村文化遭到城市文化无情地解构，乡村文化中原有的经验与价值难以解答乡村社会发展的难题，乡村历史记忆遭到怀疑与遗弃，乡村伦理与礼俗风习的价值正当性正在丧失，导致扎根于中国农村的乡村文化日渐衰落。同时，在建设乡村文化、开发文化乡村资源的过程中，出现了同质化和文化过度商业化的倾向，加剧了乡土文化传承断裂的危机。例如，有些地方在规划和建设中片面追求整齐划一，不注重保留乡村原貌，在乡村建设和产业布局上"照搬照抄""复刻城市化"，既浪费了大量的人力、财力，又破坏了乡村文化，使乡村失去了独特的味道和特色；某些文化产业从事者忽视文化自身的精神价值，一味地追逐经济效益，打着"为人民服务，建设美丽新乡村"的幌子，片面地追逐经济利益，背离了文化建设的初衷；随着乡村旅游文化营销力度的加大、游客量的增长，开发商为了获利，对乡村进行持续无底线的开发；等等。这些都对乡村文化造成了破坏。

## （二）多元文化价值观对乡村文化的侵蚀

随着我国改革开放的深入与全球化的加深，中西方之间文化交流不断向纵深拓展，新自由主义、历史虚无主义、过度消费主义、极端个人主义等多元化的价值思潮借助商品、互联网、影视作品等不同载体输入我国，进而进入乡村社会，严重削弱了许多乡村民众在日常生活过程中对原有传统价值观的认同，多元价值观以不可阻挡之势侵入了广大乡村民众的头脑，给乡村传统价值观念带来极大的冲击，导致村民出现价值困惑和信仰迷失现象。一是价值观念泛化。因传统优秀美德、乡规民约受到个人主义、消费主义、享乐主义的侵蚀，一些地方出现诚信缺失、厚葬薄养、铺张浪费等现象。二是价值取向功利化。受市场经济趋利导向的影响，一些村民出现片面追求物质的功利主义思想和工具化价值思想，对原有的乡村文化价值观念产生怀疑，理想信念模糊、信仰迷失。

### （三）乡村文化建设的主体大量流失

随着我国城市化的推进，在市场经济的利益驱动下，农村人口大量向城镇特别是大城市转移，导致农村空心化现象日益严重，生长于农村的青壮年群体选择进城务工，逐渐向城市迁移。受过高等教育的优秀人才不愿意回农村，倾向于留在城市生活、学习。留守妇女承担着上孝父母、下教子女的责任，对于乡村文化的建设往往是心有余而力不足。老人受传统观念的影响，缺乏创新精神，也无法承担起文化建设的重任。这造成了乡村文化自我建设的主体缺失现象。同时，乡村文化建设不仅要依靠农民的主体力量，而且需要有一支高素质的专业人才队伍。但受到乡村环境、发展前景和福利待遇的影响，大量人才资源流向城市，相关专业人才来乡村工作的意愿较低，导致乡村地区人才供应短缺。尽管近年来许多大学生和专业人才通过国家选拔考试到乡村工作，但长期留在乡村工作的人员还是不够，乡村文化建设缺乏骨干力量。

### （四）乡村优秀传统文化资源流失严重

乡村是中华优秀传统文化的发源地，蕴藏着丰富的文化资源。然而，这些传统文化资源目前面临着保护和传承的困境。首先，农民保护文化资源的意识淡薄。传统乡村部落种类繁多、星罗棋布，蕴含着许多文化碎片，它们内涵丰富、形式多样，是中华优秀传统文化的重要组成部分。但由于农民文化水平有限，并没有充分认识到这些文化资源的内在价值，偶尔出现拆毁古老建筑、贩卖文物等现象，导致文化资源被破坏。其次，保护传统文化资源的物质保障力度不足。对优秀传统文化资源的保护，离不开人力、物力和财力的支持，但是乡村经济水平有限，专业人才力量不足，许多文化资源濒临消失。虽然近年来国家出台了许多政策扶持乡村，但由于乡村资金缺口大，在文化方面的投入不足以完全保护好文化资源，最后导致传统文化资源未能与时俱进。时代在进步，人们对美好生活的需求日益增长，而一些传统文化资源未能跟紧时代步伐不断创新和转化，所以逐渐淡出视野，被人们遗忘。

## 四、乡村文化建设的路径选择

乡村文化是乡村振兴的底蕴，是中国人的精神原点，也是乡村社会赖以生存的精神力量。加强乡村文化建设，不仅对提振乡村民众精神士气、推动乡村振兴有序发展具有重要意义，而且能够为乡风文明的养成提供持久动力。

### （一）以社会主义核心价值观涵养文明乡风

乡村文化建设离不开社会主义先进文化的引领。社会主义核心价值观是文化最深层的内核，决定着文化的性质和方向，体现着一个国家、一个民族的文化理想和精神高度。任何一种文化要立起来、强起来，从根本上来说，取决于凝结和贯穿其中的社会主义核心价值观的生命力、引领力。社会主义核心价值观作为当代中国的主流价值观念，凝结着全体人民共同的价值追求。让社会主义核心价值观在农村落地生根，有助于加强农村精神文明建设，培育文明乡风。在新的历史条件下，习近平新时代中国特色社会主义思想作为马克思主义中国化的最新理论成果，在乡村社会主义核心价值观建构过程中起着思想引领的作用。要以习近平新时代中国特色社会主义思想为指导，以乡村各项事业的发展为载体，着力推进乡村社会主义核心价值观的建构，有效培育文明乡风环境与推进乡村文化建设。要以培养担当民族复兴大任的时代新人为着眼点，强化教育引导、实践养成、制度保障，发挥社会主义核心价值观对国民教育、精神文明创建、精神文化产品创作生产传播的引领作用，把社会主义核心价值观融入社会发展的各个方面，转化为人们的情感认同和行为习惯。要坚持全民行动、干部带头，从家庭做起，从娃娃抓起。

### （二）加强对乡村文化资源的保护和开发

我国乡村社会历经几千年的积淀，在自然经济基础上创造了，发达的农耕文明，蕴含着丰富的乡村文化资源。坚持在保护中开发和利用乡村文化资源，对于以乡风文明促乡村治理具有十分重要的意义。首先，要加强对乡村文化资源的保护，对于承载乡村记忆的物质文化遗产，基层政府和相关部门应该重视摸底和普查工作，将承载传统文化的农业遗迹和文物古迹纳入保护名单，画好历史文化保护红线，对于民间零散的多种文化资源进行系统的梳理，制定科学化的保护措施；对于承载着核心技艺和文化底蕴的非物质文化遗产，要抓好传承人的培养，同时积极探索其经济价值，以达到村民物质需要与精神需要的双重满足。其次，坚持在保护中开发和利用乡村文化资源，实现乡村文化资源创造性转化，结合当地特色，依托"互联网＋"、大数据平台打造文化品牌，以及一批特色鲜明、人文底蕴浓厚的美丽乡村和特色小镇。此外，要盘活农村文化资源，发展文旅融合的新型文化产业，将艺术设计、资金、技术融入文化产业的生产和消费过程，实现文化产品的"生产及消费"，以达到经济效益和文化效益的良性互动。

### （三）加强乡村文化的主体建设

一方面，加强乡村人才队伍建设。当前，乡村青年人才流失严重，大部分乡村青年涌入城市发展，面临乡村老龄化严重的问题，文化建设缺乏活力。要从源头上入手，做好乡村人才的培养，安排专家和有经验的干部对当地具有良好文化素养和领导组织能力的村民代表或优秀干部进行专业培训，为乡村文化发展培养一支具有专业素质、坚定意志的草根队伍。要提高乡村人才引进的待遇条件，让他们有信心、有干劲地留在本地，定期面向全社会招募具有乡村文化情结和研究经验的志愿者进入乡村，进行文化发展实践服务和科学理论观念宣传。

另一方面，增强农民振兴乡村文化的主体意识。农民作为乡村文化建设的主体，是振兴乡村文化的中坚力量。必须激发农民振兴乡村文化的积极性和主动性，激活乡村文化振兴的内在动力。要提高农民的教育文化水平，围绕乡村优势文化产业，开展专家进村举办教育培训活动，强化农民的生产技能和相关知识水平，提高农民的生产能力和经营能力，为扎实推进乡村文化建设提供智力支持和人才保障。利用农闲时间，开办文化交流讲习所，聘选传统技艺精湛的匠人，教村民学习一些如瓷刻、剪纸、织锦、刺绣等传统民间手工和编织技艺，既帮助他们增加经济收入，又提高他们对乡土文化的认同感和归属感。挖掘当地文化教育资源，建立乡村文化教育实践基地，使学生在学思践悟中感受乡村文化的价值魅力。

## （四）发展乡村文化产业，为乡村文化建设注入发展动力

乡村文化产业的发展，有利于丰富农民的文化生活，提高乡村发展水平和质量，对于乡村文化建设具有重大作用和意义。目前，乡村文化产业仍处于初期发展阶段，未来还有很大的发展潜力和空间。文化产业的发展应与实际相结合，在传统乡村文化的基础上进行改革和创新，充分挖掘优秀的农村文化资源。同时，可积极引导、鼓励资本进入农村文化产业，培育一大批具备雄厚实力和竞争力的大型文化产业，从而推进后续乡村文化产业发展，带动乡村经济发展。在开发乡村文化产品时，要秉持"绿水青山就是金山银山"的理念，根据实际情况合理整合当地文化资源，传承和创新当地的风俗习惯、传统节日、民间艺术、乡规民约等，发展当地特色的民间文化和民族文化，在传承和创新乡土文化过程中，为乡村文化产业的现代化发展提供动力支持。大力发展乡村文化旅游业，在促进当地经济发展的同时，传播和宣传当地文化。利用先进的科学技术，推动文化产业优化升级，以电商微商等多种形式推动乡村文化创新性发展。

# 第四节　乡风文明建设助推乡村治理典型案例

## 一、山东省菏泽市巨野县：白事"一碗菜"，助推乡村善治

针对农村婚丧事大操大办、铺张浪费问题，巨野县创新探索白事"一碗菜"做法，强化宣传指导，因势因村制宜，将此项工作作为乡村治理的重要内容在全县推行，解决了铺张浪费问题，提升了基层群众自治水平，增强了群众的获得感、幸福感、安全感。

山东省菏泽市巨野县位于山东省西南部，因古有大野泽而得名。全县辖15个镇、2个街道办事处，共634个行政村（社区），总面积1302平方千米，人口108万人。长期以来，农村婚丧事大操大办、铺张浪费现象禁而未绝。2015年8月以来，巨野县倡导白事"一碗菜"，强化宣传指导，因势因村制宜，作为乡村治理工作重要内容在全县推行。经测算，推行"一碗菜"可每

年节省群众开支1.5亿元。

## （一）下好统筹谋划"先手棋"

科学谋划是成事之基。为做好殡俗改革，巨野县成立专题调研组，走访200余个村庄近万名群众，全面了解群众意愿。调研发现，有的白事多达150桌，1000多人就餐，仅帮厨就需要20～30人，花费4万～5万元。此种现象增加了群众经济负担，群众心里盼望改变风气。

在调研基础上，县委宣传部联合民政局梳理就餐、响班、纸扎、孝布、棺木等30多个殡丧仪式的具体事项，制定10条"硬核"标准，形成《关于进一步规范移风易俗工作的意见》。该文件突出重点，详细规定丧葬用餐标准，从一席12个菜简化为一人一碗菜，并将烟酒消费控制在普通水平。同时，着力控制治丧规模、简化治丧形式。参与人员上，严格控制出席规模，本村人员非近亲不就餐；通知形式上，明确报丧由人员通知改为电话告知，节省每人2盒烟的开支；孝服穿戴范围上，除亲生子女，一律不准披麻戴孝，提倡亲友佩戴白花；圆坟时间上，从3天缩短为1天甚至半天。通过积极研究工作方案，细化制定红白理事会改选、宣传发动、督导落实等具体措施，为抓好殡俗改革明确了方向和标准，为深入推进移风易俗奠定了基础。

## （二）打好宣传发动"破冰战"

陈规陋习难以破除，归根结底在于群众传统思想观念根深蒂固。巨野县在推进殡俗改革过程中，把宣传发动作为"破冰之举"，大力营造移风易俗的浓厚氛围。

### 1. 集中动员广泛宣传

制定"一人一碗菜，能省一万块"等20条通俗易懂的宣传标语，在全县每个村庄主干道、广场周边刷写，实现县域范围全覆盖。强化培训宣讲，把推广白事"一碗菜"纳入村党支部主题党日活动，对1500名村党支部书记和红白理事会成员开展集中培训，组织60余名村党支部书记巡回宣讲500余场次，印制25万份《红白理事会章程》发放到户，掀起殡俗改革热潮。编排、播出文艺节目，通过巨野融媒、流动宣传车、"村村响"广播等渠道宣传殡俗改革，营造丧事简办的浓厚氛围。

**2. "乡村夜读"入脑入心**

巨野县创新开展"乡村夜读",利用晚上的空闲时间,组织村"两委"干部、红白理事会成员和群众代表,集中学习上级殡俗改革部署,研究贯彻落实具体做法,全县参与人次达30万。"乡村夜读"为广大群众解放思想、统一思想夯实了基础。各村陆续就治丧事项达成一致意见,明确了村规民约相关内容,细化了白事"一碗菜"具体标准,让群众"自己定规矩、自己去执行",有力地推动了殡俗改革工作走深、走实。

**3. 以事说理引发共鸣**

在推行白事"一碗菜"之初,村民都不想做第一个"吃螃蟹"的人,怕亲朋好友说小气,落个不孝的名声。"一只烧鸡"的故事在推行"一碗菜"改革过程中发挥了不小的作用。"实行'白事一碗菜',节省费用上万元。假如每月买一只烧鸡花50元,那么1年12个月大约花600元,1万元能给老人买十几年烧鸡,这不比老人去世后把钱花在大操大办上更孝顺?"巨野县纪庄新村村民纪任三算了一笔账,他表示,他所在的村子,几乎每一个村民都熟悉这一笔账。"一只烧鸡"的故事引发了群众的广泛共鸣,帮大家算明白了生前孝与身后名的亲情账,让厚养薄葬观念更深入人心。

### (三)牵住重点突破"牛鼻子"

殡俗改革涉及的村庄人员多,工作面广,工作量大。巨野县坚持试点先行,聚焦重点精准发力,以点上突破带动面上推进。

**1. 抓重点家庭动真碰硬**

为确保开好头、起好步,各镇(街道)精心挑选班子硬、群众基础好的村庄开展试点,率先改选红白理事会,村级党员干部、乡村"五老"担任成员。针对"头一家""富裕户""关系户"等重点家庭,红白理事会晓之以理、动之以情,深入做好思想工作,严格落实村规民约,打消了部分群众"试探求情"的想法。

**2. 抓重点环节"劲矢疾射"**

聚焦治丧事项的重点环节,精准落实"白事简办"原则,确保既有"面子"又有"里子"。在执行过程中,部分村庄存在"搞变通""打折扣""不落实"等问题,有的以"四个碟"代替"一碗菜",还有的为了一己私利拒不遵守村规民约,县有关部门均责令镇(村)干部严肃处理,确保自觉遵守。

### 3. 抓重点行业分类施策

行业"断链重塑"，既是殡俗改革迈向"深水区"的关键一步，也是乡村治理文明新风持续向好的重要保障。巨野县瞄准既有行业和相关利益群体，分类施策、精准发力，实现殡葬产业与移风易俗有机融合。首先，重点"发展一批"。统一管理农村"一碗菜"主厨，建立定期培训机制，定制统一服装，经"官方认证"的主厨，荣誉感、责任感明显提升，自觉成为白事简办的支持者。其次，着力"规范一批"。在尊重当地传统风俗的基础上，规范响器班演出活动，每场演出控制在3人以内，禁止搭台演出。最后，坚决"取缔一批"。围绕破除"二次装棺"陋习，联合部门综合执法，关停县域棺材市场，令棺材生产销售在巨野基本绝迹。

## （四）打出狠抓落实"组合拳"

传统殡俗的陈规陋习积弊甚深，稍有懈怠便会死灰复燃。巨野县在抓落实上下功夫，打出了一系列"组合拳"，完善乡村治理体系，推进文明新风进万家。

### 1. 强化领导抓落实

各级党政主要负责人亲自抓、亲自管，"一把手抓、抓一把手"成为工作常态。40余名副科级以上干部组成督导组，督导镇（村）白事"一碗菜"落实情况。建立涵盖县委宣传部、县农业农村局、县文明办、县民政局及镇（村）的信息交流平台，实现县级随时调度、镇级及时掌握、村级监督服务无缝对接。

### 2. 完善机制抓落实

充分发挥考核"指挥棒"作用，将白事"一碗菜"落实情况纳入考核，由县委定期调度。县委组织部、民政局、群团组织把该项工作纳入部门重点工作。镇级党员干部实行包村责任制，不定期开展现场巡察。各村党员干部、红白理事会严格落实村规民约，确保白事"一碗菜"落到实处。

巨野县实行白事"一碗菜"后，平均白事花费从两三万元缩减到五六千元，有效减轻了群众经济负担。以麒麟镇前冯桥村姚甘氏白事为例，"一人一碗菜"费用3400元，烟酒费用1200元，"唢呐班"费用600元，骨灰盒等费用460元，加上其他相关费用，总计6200余元。按照殡改前的风俗，至少需花费3万余元。

## 二、天津市静海区吕官屯村：弘扬耕读文化，推进乡村治理

"耕读传家，重教兴学"的耕读文化是吕官屯村多年传承的优良文化传统。近年来，吕官屯村党支部将本土特色耕读文化嵌入乡村治理，充分发挥以文化人、成风化俗的巨大作用，形成了独具特色的治理模式，以耕读文化助推乡村治理现代化。

吕官屯村地处天津市静海区陈官屯镇最南端，位于京杭大运河南运河沿岸，村落占地面积约4平方千米，耕地3350亩，有769户1769人，其中党员58人。该村始建于明永乐二年（1404年），迄今已有600余年历史，多年来秉承"耕读传家，重教兴学"传统，形成了独具特色的耕读文化氛围。近年来，吕官屯村党支部把弘扬耕读文化融入乡村治理，加强组织领导，走出了一条独具特色的乡村善治之路。

### （一）厚植耕读文化氛围，净化乡村治理环境

吕官屯村充分发挥文化以文化人、以文育人的重要作用，深入挖掘、大力弘扬本土特色的耕读文化，从精神文明建设入手，提升乡村治理现代化水平。

**1. 弘扬文化传统，为乡村治理"凝心"**

为创新村庄"文化微治理"模式、激发耕读文化活力，吕官屯村深入挖掘、整理600余年耕读文化的历史传承，整理出版《吕官屯村史》《吕官屯民间传说故事集》《"故乡情"书画展作品选》，建成清末民俗陈列馆"耕读之家"、反映吕官屯农耕文化变更历史的吕官屯村艺术陈列馆等精神文明阵地，组织村民通过阅读书刊、走访文化场馆等方式，增进对耕读文化的了解，通过"种文化"的方式做足乡村治理大文章，培养村民对耕读文化的自信，促进文化自觉，推动乡村自治。

**2. 将耕读文化融入村规民约，为乡村治理"聚力"**

在组织编写村规民约过程中，吕官屯村广泛查阅村庄文化典籍，编写了吕官屯村"村规民约三字经"："房邻处，贵和睦；地邻交，要大度。琐碎事，不计较；原则事，不糊涂……"村规民约内容通俗易懂，让村民能读得

懂、记得住、行得通、做得到。以村规民约为基础，吕官屯村连续9年开展"美好家庭""美丽庭院"评选表彰活动，连续10年举行金秋助学表彰大会，有效促成了耕读文化建设与乡村治理的良性互动，有力营造了乡村德治氛围。

## （二）开展耕读文化活动，创新乡村治理模式

吕官屯村把弘扬耕读文化与推进乡村治理紧密结合，坚持以民为本的文化治理模式，以"育人""助人"为主旨，积极开展耕读文化活动，促进耕读文化与乡村治理的互融互通、互促互鉴。

### 1. 开展耕读讲堂活动

吕官屯村创造性转化和创新性发展耕读文化，组织实施"耕读讲堂"系列专题活动，邀请村里的老党员、老干部讲述党史、新中国史、改革开放史、社会主义发展史，以及吕官屯村耕读文化传承史，回顾祖国发展新成就、脱贫攻坚新成效、美丽乡村新变化，结合真人真事，助力村民树立强国富村志向、担当强农兴农责任。村"两委"积极与当地各高校、法院、公安部门合作对接，在村内开展文明条例、法律法规、惠民政策宣讲活动，让文明新风飞入寻常百姓家。在此基础上，进一步拓展举办道德讲堂、"红色大喇叭"、"红色电影周"、"红色领诵"和墙根宣讲等系列群众性文化宣传宣讲活动，将农耕文化的精髓发扬光大，引导村民向善向上，营造文明乡风，创新社会治理。同时，开展评选表彰活动，激发村民自治积极性。

### 2. 坚持开展乡风文明"十个一"活动

吕官屯村以创建耕读文化品牌特色活动为突破点，着力培育"自治""共治"相结合的管理模式，探索"十个一"特色文化活动形式，即一次"金秋助学"学生表彰大会、一次"美好家庭"评选、一次亲子阅读活动、一次"红色电影周"、一次教师节表彰大会、一次桃花节、一次儿童节联谊会、一次故乡情书画展、一次周末大讲堂、一次道德模范表彰大会。推出传统节日系列活动，深入挖掘传统节日的深刻内涵，组织开展了"粽乡情"端午节活动、重阳节敬老活动等民俗活动。2021年，全村组织开展"农民写金句"活动，共有近百人参加。通过举办各类特色文化活动，村民文化生活日渐丰富，各类不文明现象明显减少，有效发挥了文化凝聚人心的作用，赋予了耕读文化新的内涵，培育了浓郁的文明乡风，为乡村治理提质增效。

## 三、拓展耕读文化效能，促进"三治融合"发展

吕官屯村积极拓展耕读文化影响力，发挥德治作用，实现党组织领导下的自治、法治、德治深度融合。

### （一）密织治理网格，切实将矛盾化解在基层

深入落实"网格化＋五户联防"制度，全村设立7个网格区、7个党员先锋岗、38名网格员。通过网格化管理，开展日常帮助、每日走访等工作，主动预防和有效化解各类矛盾纠纷。

### （二）践行村规家训，提升法治保障

组织编写《吕官屯村管理条例》，督促引导村民遵守国家法律、践行村规家训、弘扬文化传统。组织成立"点亮工作室"，免费为村民提供法律宣传、法律咨询、法律帮扶、法律援助、纠纷调解等服务，有效增强了村民的法治观念。

### （三）倡导志愿活动，延伸为农服务触角

积极组织开展志愿服务活动，组建党员志愿服务队、巾帼志愿服务队、青年志愿服务队等11支志愿团队，注册志愿者337人，全年组织开展志愿服务活动186场，做到了全民参与村庄治理，实现了家家都有志愿者、户户都有"活雷锋"，使村庄人居环境、文化氛围得到进一步提升。

# 第五章 | 党建引领乡村治理

2019年6月，中共中央办公厅、国务院办公厅印发的《关于加强和改进乡村治理的指导意见》中指出，"要坚持和加强党对乡村治理的集中统一领导"。《中共中央 国务院关于做好2023年全面推进乡村振兴重点工作的意见》（2023年中央一号文件）中明确指出，提升乡村治理效能，要坚持以党建引领乡村治理。基层党组织是乡村治理的领导核心，是实现乡村治理现代化的根本保证。提升新时代的乡村治理水平，必须高度重视基层党组织建设，进一步巩固党在农村的执政基础。

## 第一节　党建引领乡村治理的基本逻辑

### 一、历史逻辑：彰显了党领导乡村治理的经验启示

中国共产党自成立以来，始终把为中国人民谋幸福、为中华民族谋复兴作为自己的初心使命，对乡村治理工作给予高度重视。党在不同时期的农村治理政策，调动了亿万农民的积极性，带领亿万农民走出了一条前所未有的、具有中国特色的农村发展之路，历史经验弥足珍贵。

#### （一）新民主主义革命时期

新民主主义革命时期，党立足我国具体国情，将乡村治理与乡村改造作为新民主主义革命的重要任务。党积极领导建立农村革命根据地，坚持基层党组织对农村、农民和农业的改造与帮扶，并逐渐掌握领导地位。首次提出"三三制"原则，规定在抗日根据地政权人员分配上，共产党员、左派进步分子和中间派大体各占三分之一，这不仅巩固了中国共产党在抗日民族统一

战线中的领导权，也保证了革命的民主性与协商性。同时，大力宣传"耕者有其田"的政治主张，并实行减租减息等土地政策。

### （二）社会主义革命和建设时期

新中国成立后，中国共产党成为我国执政党，领导人民开辟了实现民族复兴的正确道路。在党的领导下，以国家政权为主导的乡村治理模式逐步走向正轨，乡村政权和治理秩序逐步稳定。1950年通过的《乡（行政村）人民代表会议组织通则》《乡（行政村）人民政府组织通则》以基本制度形式，明确规定了乡（行政村）政权。1954年通过的《中华人民共和国宪法》中也明确规定了乡、民族乡、镇是最基层的行政单位。1958年，《中共中央关于在农村建立人民公社问题的决议》颁布实施，乡政府相继取消，全国广泛建立人民公社。这一体制彻底改变了过去的封建管理方式，使中国共产党真正参与到乡村具体工作中，并且对乡村治理与建设工作起到绝对的领导作用。

### （三）改革开放和社会主义现代化建设新时期

立足改革开放这一新的时代背景，实行家庭联产承包责任制，激发了农民劳动的积极性，释放了家庭剩余劳动力。村民委员会正式成为我国基层群众性自治组织，乡村治理过程中也开始重视村民自治的作用，乡村治理的空间日益增长，逐步发展为乡镇行政主导、村"两委"自治、村民参与治理的"三元共治"的乡村治理格局。

进入21世纪，经济社会不断发展，乡村治理也出现新问题，城乡二元制结构导致城乡差距不断加大。为促进乡村发展，党中央提出了建设"社会主义新农村"的伟大构想，其总要求是"生产发展、生活宽裕、乡风文明、村容整洁、管理民主"，旨在解决"三农"问题，加大对农村的扶持，推进城乡协调发展。为进一步减轻农民负担，国家于2006年1月1日起废止了《中华人民共和国农业税条例》，并直接对农民进行农业补贴，提高了农民的生产积极性。

### （四）中国特色社会主义新时代

党的十八届三中全会提出"推进国家治理体系和治理能力现代化"，这是继"四个现代化"（农业现代化、工业现代化、科技现代化、国防现代化）后中国发展的"第五个现代化"要求。党的十八大以来，脱贫攻坚促进了乡村治理体系的完善，也使得国家治理重心得以有序下移。"第一书记""驻村工作队"等干部以"嵌入式驻村"的方式，为乡村治理带来了新鲜血液；依托乡村协作扶贫的治理框架，形成了政府体系内多层级、跨部门的扶贫治理网络，同时对涉农资金进行更加规范和有效的管理；事业单位、社会组织、合作社、第三方机构、企业等多元主体的参与，推动了治理方式的变革，形成了更加有效的乡村治理体系。

## 二、理论逻辑：诠释了马克思主义政党的本质特征

政党性质和宗旨是一个政党执政的根本遵循。中国共产党自诞生之日起，始终坚持以马克思列宁主义为指导，代表最广大人民的根本利益，全心全意为人民服务。

一方面，农村基层党组织引领乡村治理体现了党的全面领导的基本原则。马克思、恩格斯在著作中指出，社会主义革命和建设都离不开党的领导。我国是农业大国，农村稳才能全局稳，而办好农村的事情关键在党，其原因在于我们党能在各个历史阶段针对农村亟待解决的复杂问题，前瞻性地制定相应的方针政策。同时，农村基层党组织能够把党中央的政策、主张落实到最基层，使乡村治理更能彰显公共利益和人民价值。

另一方面，纯洁性和先进性是中国共产党的鲜明理论品格。这就使我们党在推进乡村治理过程中，能够始终代表中华民族和全体中国人民的根本利益，具有进行乡村治理的行动自觉。这就意味着中国共产党不会受制于某一阶层或某一群体的根本利益，也不会局限于眼前利益或局部利益，而是着眼于新时代背景下整个乡村社会的发展变化和结构性特征，进一步重构乡村社会的组织形态、变革乡村治理机制，不断提升乡村治理现代化水平。

## 三、实践逻辑：推动了乡村治理整体效能的显著提升

乡村作为治理的基层场域，其治理质量直接关系到国家治理水平的高低。党的十九届四中全会提出，要推动社会治理和服务重心向基层下移，把更多资源下沉到基层，更好地提供精准化、精细化服务。农村基层党组织通过核心领导力、思想引领力、社会动员力统筹乡村治理的全过程，从而确保乡村有效治理目标的实现。

一方面，通过权威性整合形成治理共同体。农村基层党组织可以通过其权威性、合法性的优势，进行跨部门、跨层级的高效动员，把村"两委"、农民、社会组织、自治组织等各类治理主体整合进来，使之黏合在一起，并为推进某些问题的解决进行合作，以此提升农村基层党组织引领乡村治理的整体效能。

另一方面，不断强化对自治、法治、德治的引领作用。自治是指农村基层党组织通过赋权增能提升村民参与乡村治理的积极性和主动性，进而激活乡村治理主体的内源动力；法治是指农村基层党组织用法治规范公共权力运行，规范民众参与行为，保障村民合理诉求和合法利益；德治是指充分发挥农村基层党组织的思想引领和价值塑造功能，进一步培育乡村治理的共同体意识。

# 第二节　党建引领乡村治理的作用与意义

## 一、基层党组织在乡村治理中的引领作用

基层党组织在贯彻落实党的政策方针和组织动员群众中起着至关重要的作用。党的基层组织是党在社会基层组织中的战斗堡垒，是党的全部工作和战斗力的基础。先进性是我们党的立党之本、生命之魂。党的先进性在现实社会治理中如何体现？必须通过基层党组织的先进性来体现，通过党员的先锋模范作用来体现，通过党建引领乡村治理来体现。

### （一）基层党组织在乡村治理发展中能够"把好方向"

2018年，习近平总书记在全国组织工作会议上指出，基层党组织要"引领基层各类组织自觉贯彻党的主张，确保基层治理正确方向"。基层党组织在乡村治理发展中要把牢思想引领的"方向盘"，及时准确地传播党的声音、宣传党的思想，使其深入到农村发展中、深入到农民群众心中。

### （二）基层党组织在乡村治理发展中能够"抓好落实"

乡村治理是国家治理的最末端，而基层组织是贯彻落实党中央决策部

署的"最后一公里"。落实是最好的创新，基层党建工作的关键就是抓落实，基层党组织的任务就是根据上级部署要求，结合工作特点，一项项梳理、一件件落实，将党的各项政策落实到底，把抓工作的成效体现在党员受教育、群众得实惠、基层有变化上。

**（三）基层党组织在乡村治理发展中能够"做好协调"**

在乡村治理中，基层党组织可以充分发挥组织优势，厘清错综复杂的关系，做好党和政府与基层群众的联系，团结一切可以团结的力量、调动一切积极因素，凝心聚力推进各项工作开展，汇聚起广大农村群众和社会各界的磅礴伟力，把党的正确主张变为群众的自觉行动，把党组织的组织力变成强大的执行力和落实力。

## 二、党建引领乡村治理的重要意义

**（一）党建引领乡村治理是破解乡村治理现实困境的重要之策**

乡村治理是国家治理体系的有机组成部分，是实现国家治理现代化的基础性工程。当前，乡村社会治理面临众多难题：群众利益诉求复杂多元、对美好生活的追求和向往更为迫切，但"等、靠、要"的思想仍不同程度地存在，部分人的国家、集体观念及法治、社会公德意识比较淡漠；乡村治理难度加大，村庄空心化、农户空巢化、农民老龄化趋势不断加剧；基层治理能力薄弱，一些基层群众组织名不副实，行政化趋势明显且脱离群众；群众参与管理基层事务的渠道不够通畅，有时正常呼声得不到倾听、正当利益得不到维护、正常诉求得不到满足，群众普遍期盼更加透明、完善的治理体系；等等。为解决这些问题，迫切需要加强农村基层基础工作，健全乡村治理体系，破解基层治理难题，构建共建共治共享的乡村治理新格局。

**（二）党建引领乡村治理有利于农村基层党组织履行好新时代的使命**

党的建设是基层治理现代化的内核，党的基层组织是党的肌体的"神经末梢"，农村基层党组织与基层群众距离最近、联系最广、接触最多，是农村建设的领导者、乡村治理的主导者、农民利益的代表者和农业发展的推动者，承担着统筹领导新时代农村经济社会全面发展的使命。实现乡村全面振兴，要充分发挥基层党组织的战斗堡垒作用和基层党员的先锋模范作用，领导农村政治建设、经济建设、文化建设、社会建设和生态文明建设，推进"五大振兴"目标的实现，巩固党在农村执政的群众基础和社会基础，满足农民群众对美好生活的向往，不断提升农民群众的幸福感、获得感和安全感，真正达到乡村振兴对产业、生态、乡风、治理、生活等方面提出的要求。可以说，推进党建引领乡村治理，是新时代基层党组织义不容辞的责任和使命，是推进实施乡村振兴战略的必然要求和重要任务。

（三）党建引领乡村治理有助于提升农村基层党组织的治理效能

改革开放40多年来，伴随农村经济社会的飞速发展，乡村的生产生活方式、社会结构、文化生态、价值理念和观念形态都发生了很大的变化，这给新时代乡村社会的治理变革带来了一定的难度和挑战。乡村振兴战略背景下，适应城乡一体化融合发展的新趋势，必然要求充分发挥农村基层党组织协调各方、整合资源、创新引领的作用，从而推动乡村振兴战略目标的实现。由于当前农村基层党建存在不少薄弱环节，党群关系的深度交互机制没有普遍建立起来，乡村治理体系和治理能力亟待提升，不少基层党组织对自身在乡村振兴战略中的功能定位不准，存在能力素质短板、体制机制不健全、奖励激励制度缺失、资源投入不足等问题，从而造成党建引领在某些时候悬浮于乡村社会治理之上。乡村社会治理的现实困境迫切要求提升基层党组织的治理效能，而党建引领是实现这一目的的有效途径。强化基层党建引领，是推进乡村治理的关键。

# 第三节　党建引领乡村治理的问题与对策

在实施乡村振兴战略背景下，全国各地基层党组织发挥坚强领导核心作用，不断加强自身建设，夯实战斗堡垒作用，提升乡村治理能力和治理水平，凝聚力、战斗力、向心力显著增强，基层党组织和党员干部在农民群众中的威信显著提高，影响力不断扩大。但是，在具体的党建引领乡村治理实践中，仍然存在一些问题。

# 一、党建引领乡村治理存在的问题

## （一）思想认识不到位，群众政治参与度低

思想认识是行动的先导。只有党组织自身、广大村民、其他社会力量都提高认识，才能自觉坚持和维护党的领导，积极参与乡村治理。但当前部分基层党组织与相关治理主体对新时代党建引领乡村治理重要性认识不足。

一方面，近年来，党建引领基层治理受到各级党委重视，相应的政策文件陆续出台，层层压实治理责任、传导治理压力，让党建引领农村基层治理的水平和能力得到显著提高。另一方面，对照中央要求，从调查实际看，仍有不少农村基层党组织对"领什么"的理解和认识不到位，对自身的角色定位不清晰，缺乏对新时代背景下党建引领乡村治理的整体认知。部分领导干部政治站位不高，受错误政绩观的影响，存在"抓党建工作比较虚，抓经济发展才实"的不科学认知。基层党组织缺乏引领性，没有找到科学、完善的方式来引导群众参与政治活动。目前，很多农村群众不积极、不主动参与乡村政治活动，对于政治活动认识浅、意识弱，只是关注自身发展。

## （二）基层党组织自身建设有待提升

基层党组织自身的建设水平及党员素质直接影响着乡村治理的能力和水平，当前一些地区的基层党组织在组织建设、队伍建设、工作方法上仍存在欠缺。

### 1. 基层党组织和党员队伍建设滞后

从本土人才来看，在城镇化影响下，农村青壮年劳动力、优秀人才大量流失，乡村党组织班子成员和党员队伍年龄结构失衡，老龄化、断代问题凸显，一些党员干部对新知识、新政策、新要求的理解有限。

从外来人才来看，在国家政策的鼓励支持下，越来越多的年轻人开始进入基层，部分大学生村官被选为乡村党支部书记、副书记、委员。但由于对乡村人文环境及复杂的乡村社会关系缺少足够了解，缺乏处理具体事务和尖锐问题的本领，加上工作中的代入感和归属感较差，导致他们在社会治理过

程中很难获得村民的信任、理解和支持。

**2. 工作方法落后，服务意识欠缺**

当前基层党组织的工作方法与乡村治理现代化的要求还不相适应，不能很好地适应农村的各种变化，在实践过程中常常会出现困境。一方面，因为一些基层党组织存在行政化趋势，难以兼顾农民群众的利益诉求和需要，使得农村基层党组织的影响力难以提升。另一方面，部分地区的基层党组织在工作中习惯性采取强制命令、行政命令等方式，缺乏服务意识，时常会忽略基层群众的意见和建议，使得群众对基层党组织产生了不信任感和距离感。服务功能发挥得不当，也会影响到领导功能和其他功能的发挥。

### （三）党建引领乡村治理的体制机制不完善

一些地方在党建引领乡村治理现代化过程中，存在利益分配不协调、资源整合不足等问题，导致乡村治理缺乏常态化、长效化的运行机制，不利于乡村治理现代化的实现。

**1. 基层党组织制度制定不科学、执行存在偏差**

制度是推动党建科学化、永葆党组织活力的关键。在乡村治理进程中，有些制度在制定上套用上级规定的现象较为明显，实施细则不明晰。另外，有些基层组织和干部对制度生搬硬套或变通执行，使制度成为一种摆设。

**2. 基层党组织党建引领机制失位**

基层党组织党建引领机制是由自治、法治、德治三大机制组成的。多元共治和村民自治的统一是乡村治理的一大特点。在部分乡村治理过程中，多元主体参与不积极现象较为普遍。还有一些乡村党组织习惯对乡村事务大包大揽，忽视村民委员会和村民的地位和作用，通过一些行政与经济手段干预村民自治的事务。

## 二、党建引领乡村治理的对策建议

针对乡村治理中党组织建设存在的问题，要进一步加大改革举措，提升基层党组织的引领力、组织力、服务力、影响力，真正把党的政治优势、组织优势转化为乡村治理效能。

### （一）提高思想认识，坚持和加强党的统一领导

首先，各级党委要明确自身主体责任，切实加强对组织工作的领导，关心和支持组织部门履行职责、开展工作，持之以恒地把基层党建贯穿到乡村治理的全过程和各领域，扩大基层党建的组织覆盖和工作覆盖，加强新兴业态和互联网党建工作，扩大党建在新兴领域的号召力和凝聚力。

其次，要注重以党的政治建设为统领健全乡村治理的制度体系，特别是建立并完善基层党建引领乡村治理的监督体系，确保乡村党支部决议的重大事项和重大事务透明化、规范化。

最后，共产党员要始终牢记身份，基层党组织负责人要以更高的要求约束自己，明确自身的角色定位，始终坚持群众导向，以服务群众、造福群众为出发点和落脚点，组织党员、干部下沉参与基层乡村治理，有效满足群众的各种合理需求，不断增强人民群众的获得感、幸福感、安全感。

### （二）加强基层党组织建设，健全党内政治生活

#### 1. 坚持引育并举，建强基层党组织干部队伍

要注重选好带头人，从威望较高、影响较大、能力突出、实干担当的村民中培养和选拔乡村党支部书记和村"两委"干部。对于工作能力突出、表现优秀的基层党组织成员，要制定相应的激励措施和上升通道，增强基层干部的获得感与成就感。要优化农村党员的结构，优先发展农村青年入党，积极吸纳退伍军人、大学生村官、返乡创业大学生等加入党组织，并作为农村党组织后备干部进行培养和使用。要注重党员干部的教育培训，丰富培训内容和方式，按照"缺什么、补什么"原则，分层、分类、分领域开展全员全覆盖培训，满足基层党员干部的多样化需求。

#### 2. 注重农村党支部标准化建设，增强党内政治生活的政治性、时代性、原则性、战斗性

按照《中国共产党章程》要求，严格落实民主集中制原则和各项组织生活制度，推动"三会一课"、主题党日、谈心谈话等党内组织生活制度规范化、经常化。根据乡村实际确定党支部年度、季度、月度、周度基本任务，探索乡村基层治理与议事决策的体制机制。健全党员干部考勤和党组织考核等制度规范，通过星级或优秀等级来评定党员干部和基层党组织。

农村党员队伍建设是农村基层党建的基础性工程，高素质年轻化的党员队伍是农村基层党建高质量发展的先决条件，必须将农村党员队伍建设置于农村基层党建的首要位置，为党建引领乡村治理、推进乡村振兴积蓄组织力量。

### （三）加强党建引领乡村治理的体制机制建设

**1. 建设科学的利益协调机制**

基层党建应充分发挥协商民主优势，有效均衡协调各方利益。例如，在协商前，要确保议题选定、议程设置的科学性，确保各主体均有平等参与的机会；在协商过程中，要发挥把控大局的作用，寻找各主体利益的"最大公约数"，以保证多方主体利益诉求的最大化实现；在协商之后，应以保证公共利益最大化为前提，制定合理的乡村治理方案，以推动乡村治理现代化的高效运行。

**2. 建设完善的资源整合机制**

在基层党建实践过程中，应制定具有可实施性的乡村社会发展相关规划，成立资源管理工作队伍，从而实现对内部资源的合理开发及利用，为推进乡村治理创造便利的条件。同时，应采取多方举措进行外部资源引入，如扩大资金及资源投入、建设高素质的乡村服务干部队伍、发挥社会企业的资源优势等。这不仅能充分保障乡村治理决策的科学性和有效性，而且能彰显基层党建在乡村治理中的影响力，为乡村治理现代化奠定深厚的基础。此外，还可以运用大数据、互联网等技术，为乡村治理资源共享搭建对接平台，确保乡村内外资源的精准配置。

### （四）"党建引领＋群众自治"激发村民自治活力

**1. 强化各级党委职责**

强化县级党委抓乡促村责任，发挥县级党委在乡村振兴和乡村治理中作为一线指挥部的作用，落实县乡村三级书记的主体责任，突出建优建强乡镇党委这个关键环节。持续建强村级干部、党员干部、驻村干部"三支队伍"，着力打造推动乡村治理的"红色引擎"。

**2. 健全党组织领导的自治、法治、德治相结合的乡村治理体系**

不断完善和发展农村基层党组织领导下的"协商民主"方式方法，不断健全村民参与自治工作的体制机制，充分发挥群众性自治组织作用，激发村民自治活力；在"党建引领＋群众自治"的基础上，鼓励和引导村民、农村社会组织等参与乡村治理工作，实现基层党建与村民自治的有机融合，使村民由被动接受管理转变为主动自我管理，不断提高村民的自治意识和自我管理能力，形成人人有责、人人尽责、人人享有的乡村治理共同体。

# 第四节　党建引领乡村治理典型案例

## 一、江苏省南通市如东县："融合党建"引领乡村治理

如东县将农村基层党组织建设与乡村治理的全领域、各环节融合，通过组织融汇、队伍融合、服务融入、民心融通，强化基层党组织领导作用，凝聚基层党员群众，汇聚治理资源，推动构建党建引领、条块结合、上下协同、共治共享的乡村治理体系。

江苏省如东县地处黄海之滨、长江入海口北翼，下辖12个镇、3个街道，共245个村（社区）。2021年，全县地区生产总值1271亿元。近年来，如东县聚焦党建引领乡村治理，创新"融合党建"模式，将党的政治优势、组织优势转化为乡村治理优势，初步构建起共建、共治、共享的乡村治理新格局。

### （一）"组织融汇"凝聚乡村治理"强合力"

探索开展跨行业、跨地域、跨产业的党组织联建共建，推动各类党组织深度互动，汇聚共建、共治、共享合力。

**1. 推行区域化共建融合**

组织全县25个社区党组织与驻区单位、社会组织、新兴领域党组织成立"联合大党委"，通过签订共建协议、健全日常联系、召开联席会议、吸纳驻区单位党组织负责人担任兼职委员等形式，推动区域内大事难事要事共商共建、共享共治，形成街道"大工委"、社区"大党委"工作制。

**2. 推行互融式"双网融合"**

构建"双网融合"管理体系，以村居合并前的自然村为基础，一般1个

自然村为1个网格，坚持"网格建到哪里，党组织就覆盖到哪里"，完善"村（社区）党组织—网格党支部—微网格党小组—党员中心户"组织链条，推动党建网格与治理网格在组织架构和区域布局上无缝对接、全面融合。

**3. 推行联促式抱团融合**

聚焦中心任务和重点工作，整合辖区内党建优势资源，创新党组织设置方式和党建工作嵌入形式，采取"企业＋村居""机关＋村居""社区＋农村""园区＋企业＋村居"等形式建立党建联合体，通过组织共建、活动共办、资源共享、难题共解等多种形式，实现优势互补、抱团发展。近年来，全县共组建联促式党建联合体220余个，衍生治理链、服务链、产业链近千条。

## （二）以"队伍融合"为支撑，锻造乡村治理"主力军"

把队伍建设作为乡村治理的关键支撑，抓实村干部队伍、在职党员队伍、网格员队伍建设，着力打造"多员合一"的乡村治理骨干队伍。

**1. 突出"三化协同"**

以村"两委"换届为契机，选优配强引领能力强、带富能力强的"双强书记"，围绕"选、育、管、用"全链条，统筹推进村党支部书记专业化、新经济组织和新社会组织党务工作者专业化，全面提升农村党组织带头人队伍整体素质，培养造就一支质量优良、引领乡村治理的"头雁"队伍。

**2. 深化"双向培养"**

将网格员队伍建设与村干部队伍建设相结合，创新"1＋1＋N"模式，每个综合网格由1名村"两委"干部担任网格长（其中党员干部同时兼任网格党支部书记），配备1名专职网格员，根据微网格数量配备N个微网格员，并推动驻区单位有关人员、党员志愿者和热心村民等"进"网格，增强网格力量，有效激发网格员内生动力。将优秀网格员作为村干部后备力量，如东县近年来累计将25名网格员吸纳到村干部队伍。

**3. 实施"双亮行动"**

推行"双向介入、交叉任职"和在职党员、流动党员报到机制，全县520多名驻区单位、共建单位党组织负责人担任兼职大党委委员，2万余名在职党员、流动党员到村居"亮身份"，充实治理力量。开展"双承诺双报到"行动，引导党员主动在新冠病毒感染疫情防控、环境整治、矛盾协调、文明创建等工作中"亮承诺"。

### （三）以"服务融入"为抓手，提升乡村治理"满意度"

注重从服务入手抓治理，创新"四式四定"便民服务模式，以细"治"入微服务提升群众幸福指数、满意指数。

**1."一站式"定点服务**

围绕群众日益增长的公共服务需求，全县规范化建设245个村居党群服务中心和四大园区党群服务中心，统一设置"一站式"服务窗口，建立健全首问责任、接待登记、限时办结、信息公开、坐班值班等制度，常态化为党员群众提供党建、产业、综治、便民等各项服务，做到一站式受理、定点式服务。近年来，全县村居党群服务中心满意率持续保持在98.42%以上。

**2."代理式"定人服务**

根据在职党员的居住地、工作地、产业链或个人意愿，划分"党员代理责任区"，采取一对一、一对多等方式实现包干到户。精心设计"代理服务卡"，广泛告知群众代理人姓名、联系电话及代理事项，随时接受代理咨询和服务监督。服务开展以来，已发放代理服务卡超12万张，代理代办群众事项逾1.28万件。

**3."菜单式"定题服务**

瞄准群众需求端，以供给侧思维为群众提供"订单化"服务，系统梳理出5大类48项群众基本服务需求，精准设计"服务清单"，多形式公示"菜单"内容。开通"点单热线"，建立"群众点单、村居交单、党员接单"服务模式，依托村居党群服务中心，以"派单"方式，及时为群众提供高效服务。截至2022年底，累计"派单"4600多件，服务群众5万多人次。

**4."主题式"定时服务**

紧扣村居工作周期性特点和基层群众季节性需求，依据镇（区、街道）、村居月度重点工作安排，围绕"春耕夏种秋收冬藏""假期留守儿童关爱""伏季休渔转产培训""重阳佳节敬老爱老"等内容，按月确定服务专题，统筹考虑村居干部、党员志愿者与服务主题的关联程度，合理调配、科学分组，适时、定时、准时为群众提供相应服务。

### （四）以"民心融通"为根本，夯实乡村治理"基本盘"

突出发挥基层党组织功能，探索教育引领群众机制，坚持在教育引领中聚民心、育民心、暖民心，畅通党心连民心渠道。

### 1. 以"四大平台"聚民心

打造"理论课堂""草根讲堂""文艺礼堂""网络课堂"四大平台，开展"送党课到基层"理论宣讲活动1200多场次，组织"百姓宣讲团"宣讲近300场次，"文艺惠民百村行"活动演出1500多场次，用党的创新理论和价值体系教育引导群众，引导广大群众与党同心同向、同心同行。

### 2. 以"三类典型"育民心

及时发现、大力宣传身边群众、党员、基层干部三类群体中的典型事迹，活动开展以来，已有24个人（群体）荣登"中国好人榜"、1人获评全国道德模范提名奖、3人获评江苏省道德模范、3人获评江苏省百名示范村书记，举办"榜样如东"事迹报告会450场次，举办"人民群众是真正的英雄"围垦精神主题报告会1500场次，用先进人、先进事例积极引导群众。

### 3. 以"三项机制"暖民心

坚持从群众中来到群众中去，建立健全社情疏导、民主协商、诉求回应三项机制，累计收集社情民意3万余件，涉及群众利益重大事项5048件，解决基层群众关注的热点、难点、焦点问题2.1万多条，化解各类疑难矛盾纠纷7410件，在急难愁盼问题中提升服务群众的水平。

## 二、山西省晋中市："六抓六治"全面提升乡村治理能力

晋中市找准乡村治理切入点，以党建为引领，抓队伍建设，实现乡村"有人治"；抓组织体系，实现乡村"有序治"；抓能力提升，实现乡村"有招治"；抓集体经济，实现乡村"有力治"；抓网格党建，实现乡村"有效治"；抓制度执行，实现乡村"有章治"。"六抓六治"系统地提升了晋中市乡村治理的能力和水平，为其全面推进乡村振兴提供了坚强有力的保障。

晋中市位于山西省中部，下辖2个市辖区、8个县，代管1个县级市。全市有党的基层组织1.1万余个，党员23万余名。近年来，晋中市坚持条抓块统、守正创新，以党建为引领，以"六抓六治"为抓手，切实解决乡村治理中存在的突出问题，加快推进乡村治理体系和治理能力现代化，为全面推进乡村振兴提供了坚强有力的保障。

## （一）抓队伍建设，从源头上解决乡村"无人治"的问题

晋中市紧紧抓住直接承担乡村治理职责的乡（镇）干部、综合执法队伍、村"两委"、农村党员、网格员等治理力量，坚持选优建强管严、关心关怀激励的原则，建设充满活力的乡村治理骨干队伍，实现了从"无人治"到"有人治"的转变。

加强乡（镇）干部队伍建设。选优乡（镇）党政正职，配强乡（镇）领导班子，充实乡（镇）工作力量，落实乡（镇）干部报酬待遇，保证乡（镇）干部队伍稳定。

建强乡（镇）综合行政执法队伍。完善乡（镇）行政执法体制机制，组建综合行政执法队伍，厘清乡（镇）行政执法职责，落实"一支队伍管执法"要求。

加强农村干部队伍建设。选优配强村党支部书记及村"两委"班子成员，严格落实村党支部书记县级备案和星级化管理制度，落实村干部报酬待遇，实施"一村一名大学生"计划，派强管好乡村振兴驻村第一书记和乡村振兴驻村工作队，强化村级管理力量。

加强农村党员队伍建设。切实做好党员发展工作，全面推行党员承诺、亮诺、践诺、评诺和无职党员设岗定责活动，探索开展党员积分制管理，发挥党员先锋模范作用。

加强网格员队伍建设。整合农村现有各类专项工作人员，建强专（兼）职网格员队伍，明确网格员职责任务，落实网格员报酬待遇，发挥网格员在乡村治理中的基础作用。

## （二）抓组织体系，从根本上解决乡村"无序治"的问题

晋中市紧紧抓住农村基层党组织这个战斗堡垒，进一步促进规范化与标准化建设，积极构建党组织领导下的自治、法治、德治相结合的乡村治理体系，实现了从"无序治"到"有序治"的转变。

加大强村带弱村、富村带薄弱村、大村带小村"联村党组织"设置力度，大力推动城乡党组织联建，探索成立党建联盟。

构建上下贯通、执行有力的组织体系。持续加强党组织基本队伍、基本阵地、基本活动、基本制度、基本保障建设，全面建强村党组织战斗堡垒，

创建党员教育、党群服务、产业发展、平安法治、乡风文明等五个中心。

建立定期分析研判工作机制，每年确定一批软弱涣散村、集体经济薄弱村、社会治理重点村，落实针对性帮扶举措，推动实现转化提升。

### （三）抓能力提升，从深层次上解决乡村"无招治"的问题

晋中市紧紧抓住乡村治理能力提升这一关键，强化乡村治理骨干队伍的思想淬炼、政治历练、实践锻炼、专业训练，提高其做群众思想工作的能力、应急处突能力，实现了从"无招治"到"有招治"的转变。

着力构建"市级示范训、县级重点训、乡（镇）兜底训、支部跟进训"培训体系，实现培训常态化，确保培训全覆盖。

按照"分块精准学、实训基地学、剖析案例学、导师帮带学、线上自主学"联动要求，开展乡村治理专题培训，推动基层"看与做"互促、"学与用"统一。

持续开展农村干部学历提升工程，推动符合条件的村"两委"干部、后备干部等入读大专学历班，不断提升农村干部素质能力。

组织乡、村两级干部揭榜领办专项行动重点工作项目，晒业绩、比作为，让乡村干部登台亮相，促进能力提升，倒逼责任落实。

### （四）抓集体经济，从经济基础上解决乡村"无力治"的问题

晋中市紧紧抓住发展壮大村级集体经济这一乡村治理重要支撑，强化政策支持、资金扶持、制度约束，管好用活农村"三资"（资金、资产、资源），探索发展壮大村级集体经济路径，实现了从"无力治"到"有力治"的转变。

鼓励村级集体经济组织入股农民专业合作社、农业龙头企业及其他工商企业，实现村集体资产保值增值。

市、县两级财政每年安排专项资金择优扶持集体经济重点项目。县级设立奖补"资金池"用于集体经济项目启动，对相关涉农项目给予一定补贴，拿出专项资金提供低息信用贷款。

集中对农村集体"三资"管理使用情况和合同债务等再清底，债务纠纷再化解，新增费用再收缴。建立能够解决问题和一时难以解决问题"两本台

账",对合同债务分类处置。

对符合标准的村级集体经济项目,分级纳入市、县"项目库",按照"储备一批、实施一批、投产一批"("三个一批")原则,动态管理、重点扶持。每个乡(镇)每年至少领办1个村级集体经济示范项目。

组织引导实力较强的国企、民营企业积极参与"三个一批"项目建设,鼓励高校、科研院所等事业单位专业技术人员下乡领办、创办农村经济组织。

### (五)抓网格党建,从方法上解决乡村"无效治"的问题

晋中市紧紧抓住党建引领网格化治理这一重点,优化网格设置,健全网格管理党组织体系,明晰网格职责,实现"大事全网推动、小事格内解决、难事提级处置、问题就地消除",实现了从"无效治"到"有效治"的转变。

坚持"管得住、无缝隙、全覆盖"原则,结合地域、人口、风险隐患问题等,因地制宜,科学合理划细划小网格,构建"乡(镇)党委—村党支部(总支、党委)—网格党小组(党支部)—党员联系(中心)户"的网格党组织体系,组织网格员等队伍做好基础信息采集、村情民意收集、政策法规宣传、安全隐患排查、矛盾纠纷化解、特殊人群服务管理、公共服务代办等工作。

建立巡察走访、为民代办服务、定期例会、"吹哨派单"联动、问题解决闭环管理机制等,实现情况底数清晰、风险隐患清底、防化责任清楚、问题就地清零。

积极开展党代表"入网格、听民声、解民忧"活动,倾听群众呼声、受理群众诉求。

### (六)抓制度执行,从机制上解决乡村"无章治"的问题

晋中市紧紧抓住严格制度执行这一乡村治理重要保障,坚持完善制度、有章可循、有章必循、违章必处的原则,推动乡村治理制度化、规范化、科学化,实现了从"无章治"到"有章治"的转变。

制定乡、村两级职责清单和任务清单,乡、村两级干部岗位职责清单和任务清单,以及村干部履职行为负面清单等9个清单,做到"一单尽列、单外无责"。

严格执行各项党内法规和政策规定，持续巩固"四议两公开"民主决策、村务监督委员会月例会、村级事务代办等制度机制。

建立乡村治理举报奖励机制，加大组织监督和群众监督力度。通过"四不两直"、飞行检查，以及一周一提醒、半月一调度、月底一通报，持续传导压力，压实各级党组织特别是"一把手"抓制度执行的工作责任。

## 三、宁夏回族自治区：开展"一村一年一事"行动，扎实推进乡村善治

宁夏回族自治区党委、政府扎实推进乡村治理整区域示范创建，从2020年开始，聚焦农民群众生产生活实际困难和急、难、愁、盼问题，在全区农村开展"一村一年一事"行动，即每年为每个行政村办好一件实事，推动服务重心向乡村转移、服务资源向乡村下沉、服务功能向乡村延伸，激发了广大农民群众参与乡村治理的积极性和主动性，得到了社会各界和广大农民群众的认可。

宁夏回族自治区地处西北内陆，总面积6.6万平方千米，是全国5个少数民族自治区之一，辖5个地级市22个县（市、区）193个乡（镇）2207个行政村，素有"塞上江南"的美誉。为加强和改进乡村治理，自治区党委、政府从群众最关心、最迫切、最现实的问题入手，有序开展"一村一年一事"行动，每年为每个行政村办好一件实事。

### （一）加强组织领导，压紧压实责任

坚持高位谋划推动，将"一村一年一事"行动列入自治区一号文件，连续3年在自治区党委农村工作会议上进行安排。自治区党委农办充分发挥工作专班统筹协调作用，将"一村一年一事"行动作为全面推进乡村振兴的重要载体，建立工作推进落实定期报告和调度通报制度，实行年初建账、年中查账、年底交账、逐一销号，每月汇总通报落实进度，督促抓好责任事项落实。各地紧盯民生热点难点，让农民群众自己说事、议事、办事、干事，调动农民积极谋划，并主动参与乡村振兴。各市、县（市、区）将"一村一年一事"行动提上重要议事日程，主要领导靠前指挥，成立由分管同志担任组长的工作机构，形成党委和政府牵头抓总、部门和乡（镇）配合、村级主办、专人负责的上下协同、衔接有序的工作机制。通过"一村一年一事"行

动的开展，把加强基层党组织引领与发挥群众主人翁作用有机结合，将乡村的事情由过去的"要我干"转变为现在的"我要干"。

### （二）紧盯关键环节，建立长效机制

建立和完善"政府引导、群众主体、村级主办、各级协同、社会参与"的工作推动机制，将"一村一年一事"行动与乡村振兴深度融合，做到"一村一事""一事一策"，真正把好事办到群众心坎上。

一是充分发挥农民的主体作用。紧盯农民关切的民生热点、难点、堵点，每年冬季以行政村为单位，每一事项都先由农民提出来，再进行协商、确定，充分调动了广大农民的积极性、主动性和创造性。

二是建立五级联动工作机制。对农民提出来的事项，村里办不了的请乡（镇）办理，乡（镇）办不了的请县（市、区）办理，县（市、区）办不了的请市级办理，市级办不了的报自治区党委农办汇总，最后由自治区党委农办协调相关厅（局）办理。

三是建立统筹谋划一体推进工作机制。打通行政区划堵点，对于基础设施等公共服务类项目，允许相邻的2~3个村共同谋划实施，确保项目谋划与自然资源、生态环境、住建、交通、水利、农业农村等各部门间的有效衔接。

四是建立任务清单机制。按照"自治区、市、县、乡、村"五级清单管理要求，制定"一村一年一事"年度任务清单，每年建立工作任务台账，完成一件便销号一件，确保件件有着落、见实效。

五是建立项目编号管理机制。将每个行政村"一村一年一事"项目按照年份进行编号，建立项目档案数据库，一年接着一年干，确保干一件成一件。

六是建立长效推进机制。树立"一年办一事，三年大变样，五年建新村"目标导向，指导各行政村建立"一村一年一事"行动推进机制，打造一批特色突出、带动明显、可复制、能推广的示范村。坚持把"一村一年一事"行动与"我为群众办实事"活动紧密结合起来，找准改善提升村民生活的"小切口"，推进乡村的事由"随机办"向"常态化"转变。

### （三）强化制度保障，确保行动实效

小智治事，大智治制。坚持以制度推动落实，以成效检验落实。

一是建立调度通报制度。自治区党委农办建立工作推进落实定期报告和调度通报制度，实行年初建账、年中查账、年底交账制度与每半月汇总通报落实进度。各地充分发挥工作专班和村级监督委员会作用，保证工程进度质量。

二是完善宣传交流制度。自治区党委农办设立"一村一年一事"行动微信工作群，及时交流工作动态和经验做法。强化业务培训和宣传引导，在银川市西夏区、吴忠市盐池县召开全自治区"一村一年一事"行动现场推进培训会，组织各县（市、区）互学互鉴，看亮点、找差距、促落实。结合"听党话、感党恩、跟党走"宣讲活动，制作"一村一年一事"行动宣传片，遴选基层宣讲员1200余人，通过现场宣讲、微宣讲等群众喜闻乐见的方式，开展"一村一年一事"行动宣传1万余次，发放满意度调查表50万余份，有效提升了群众对"一村一年一事"行动的认可度和满意度。

三是健全考核评价制度。自治区党委农办制定"一村一年一事"行动年度考评方案，指导各市、县（市、区）、乡（镇）分级制定考评办法，层层签订事项落实责任书。采取日常监测、县级自评、市级复评、自治区抽查的方式，对各县（市、区）事项办理情况进行抽查考评，依据考评名次分别给予资金奖补。

### （四）加大资金统筹，形成推进合力

坚持把"一村一年一事"行动事项列为年度优先实施项目，统筹整合巩固拓展脱贫攻坚成果同乡村振兴有效衔接、高标准农田建设、农村人居环境整治、扶持壮大村级集体经济、美丽乡村建设、一事一议、基层党组织建设、民生实事等项目资金，积极引导社会力量参与，集中力量办好实事。对考核评价排名靠前的400个行政村，自治区财政每年拿出2000万元，每村安排以奖代补资金5万元，调动各村落实行动的积极性。通过以财政奖补资金的"小投入"撬动各类财政资金和社会资本的"大投入"，从而推动乡村由"干事找钱"向"钱随事走"转变。

# 第六章 ｜ 乡村治理人才队伍建设

乡村振兴，人才是支撑。2023年中央一号文件再次强调"加强乡村人才队伍建设"，明确要求本土培育与外来引进相结合，通过营造识才爱才敬才用才的良好发展环境，全方位育好引好用好乡村人才，为全面推进乡村振兴、加快建设农业强国提供人才支持和动力保障。

乡村治理是一个长期的系统工程，乡村治理能力和治理水平的现代化是推进国家治理体系和治理能力现代化的重要内容。乡村治理能力和治理水平的现代化，离不开专业的乡村治理人才。习近平总书记强调，"激励各类人才在农村广阔天地大施所能、大展才华、大显身手，打造一支强大的乡村振兴人才队伍"。随着城镇化快速推进和市场化改革深入推进，城乡基层治理发生了巨大变化，对基层人才的需求也随之发生巨大变化。可见，乡村治理人才是实现乡村长治久安、农民共同富裕、农业长足发展的重要引擎。

素质优良、作风过硬、能力突出的乡村治理人才是促进农村现代化建设、国家治理能力现代化的基层骨干力量，是构建基层治理体系的基础性人才资源。然而，在工作实践中，乡村治理往往面临人才短缺、能力不足、效果不佳等难题。农村致富带头人和各类专业技术人才匮乏、乡村专业化的治理能人欠缺，已成为制约各地乡村治理体系和治理能力现代化建设的重要因素。针对这些客观存在的堵点和痛点，唯有沉下心来、认真探索，通过多方路径寻找破题之法。说到底，要让乡村治理充分"提能塑形"，首先离不开人才队伍的支撑，在"先头部队"的示范带动下，乡村治理才能释放更大活力。打破乡村人才瓶颈，夯实乡村治理的人才基础，是当务之急。

# 第一节　乡村治理人才队伍建设基本认识

## 一、乡村治理人才的概念

在生产力的诸要素中，人（劳动者）是最活跃的能动的要素。人才是各行各业的领军人物，是在某些领域有专长、技能、知识的人，是人力资源中能力出众的人。人才是干事创业的关键资源。实施乡村振兴战略，人才是关键；实现乡村的有效治理，离不开充足的乡村治理人才。

乡村治理人才可以理解为在乡村建设中，具有一定专业知识和管理水平，能够利用自身人脉、信息、资源优势，在农村发展、经营管理、法治建设、社会工作等方面发挥积极作用，能够有力提升乡村治理质量和效率的基层管理人员。乡村治理人才主要包括乡镇党政工作人才、村党组织带头人、大学生村官等乡村治理政策性人才和农村法治人才、农村社会工作人才、农村经营管理人才等乡村治理专业型人才。

## 二、乡村治理人才队伍建设的必要性

乡村治理的成效如何，人才是决定性因素。人才振兴是乡村振兴的五大重点之一，乡村治理人才是乡村基层治理现代化的关键，是加强乡村建设、推进乡村治理的"一线力量"，乡村治理人才队伍建设关系到乡村振兴战略的实施成效。

### （一）乡村治理人才队伍建设是乡村产业振兴的支撑

产业振兴需要大量以农业为主业，生产水平高，并且以农业为主要收入来源的农民。我国政府一直在进行各种方式的农业组织创新，包括新型合作社、农村专业技术协会、一二三产业融合、"公司＋农户"、"公司＋基地"等，所以产业振兴需要对农村新型组织、农业化产业联合体起到启动、协调、推动作用的经营管理人才。

产业振兴需要依靠"高、精、尖"的现代生产设备和"稳、准、狠"的现代科学技术，农业农村现代化呼唤农业科技带头人、产业科研领军人、先进设备应用人为农村生产方式的转型升级、生产水平的提质增效提供支撑。

产业振兴需要把握时代变化、分析市场前景，广泛借助"互联网＋"之力，因此必须将农村电商人才、物流运输人才等作为新的协同力量。当前形势下，只有加强乡村人才队伍建设，才能填补乡村产业振兴所需人才缺口，才能真正托举实现乡村产业兴旺和农民生活富裕的目标。

### （二）乡村治理人才队伍建设是乡村生态振兴的依靠

实现乡村振兴，生态宜居是关键，良好的生态环境是乡村的最大优势和宝贵财富。在平衡经济发展与生态保护的关系中，乡村"富起来"和"美起来"应该是互为前提的，推动乡村经济发展，既要重速度、重质量，更要保生态。

实现乡村生态振兴需要传播绿色发展理念，通过乡村人才队伍建设增强农民生态意识，让"人与自然和谐共生"的理念得到普及。

实现乡村生态振兴，需要提升外部环境。一方面处理农村面源污染问题，建立环境治理长效机制；另一方面，提升外部环境，要求生态景观、建筑景观、人文景观等方面的人才进行更好的设计和建设。

实现乡村生态振兴，关键在于实现农业农村产业的绿色发展，走可持续发展的道路，严守生态红线，鼓励农业生产中低化肥的投入，变化学防治为生物防治，从而实现人与自然和谐共生。这离不开乡村治理人才的参与，但目前这类人才基数小、力量弱，因此必须加强乡村人才队伍建设，为乡村生态振兴提供依靠。

### （三）乡村治理人才队伍建设是乡村文化振兴的关键

乡村文化振兴离不开乡村文化人才，必须加强乡村人才队伍建设，培育挖掘乡土文化本土人才，支持乡村文化能人，让文化拥有继承人。必须大力实施乡村文化人才培养工程，培养乡土文化人才、民族民间文化传承人和各类文化活动骨干，培养一批有担当的文化人，用创意激活经典，用精神引领风尚，用情怀推动村民世界观、人生观、价值观的革新。同时，必须挖掘培育本土乡贤道德模范，积极回引外出打拼而事业有成的新乡贤，使其作为连接传统文化和社会主义核心价值观的纽带，引导村民形成正确的价值观。

### （四）乡村治理人才队伍建设是乡村组织振兴的助力

第一，组织振兴需要更多的智慧支持，需要不断地增加人才储备。加强乡村人才队伍建设，可以培养骨干，加强农村党员的培育和吸收，建强基层党组织党员队伍；可以用政策牌和感情回引大学毕业生、退伍军人等加入到乡村组织队伍，建强基层党组织带头人队伍；可以通过培养本土致富带头人、乡贤模范，激发基层组织干事激情。

第二，组织振兴需要不断提高乡村人才的能力。加强乡村人才队伍建设，能选拔出有能力、有号召力的组织干部为乡村发展掌舵。加强乡村人才队伍建设，也能加强党员管理和思想教育，从而更好地发挥党员队伍对乡村的政治引领示范作用。

第三，组织振兴需要提高乡村治理能力。加强乡村人才队伍建设，能够集聚更多的乡村治理人才参与，使各方高质量协同，推动乡村善治良序，保障组织振兴有力量。

## 三、乡村治理人才队伍建设的内容及要求

### （一）乡村治理人才队伍建设的内容

#### 1. 提升"党管人才"的深度和高度

进行乡村治理人才队伍建设，要始终坚持党管人才原则，坚持人才工作的政治导向，提高政治站位，牢固树立"人才是第一资源"理念，积极引进高端人才，大力培育专业人才，深度盘活乡土人才。各级政府作为乡村治理人才队伍建设工作的决策和指挥中心，要做好统筹规划，准确把握党管人才工作尺度，筑牢党管人才制度高地，用贴心的人才制度、暖心的人才工作，让人才活力竞相迸发。

#### 2. 坚持人才工作的问题导向和需求导向

进行乡村治理人才队伍建设，要认真分析研究人才工作的需求导向、重大问题、重大政策，把准人才工作的方向。引才聚才的最终目的是推动经济社会的发展，因此，人才的引进要符合本地经济社会发展需求，必须坚持因地制宜，服务地方经济社会发展实际，根据实际需要确定乡村治理人才引进的重点类型，使乡村治理人才能够最大限度地施展才能。要了解人才的不同

需求，坚持人才需要什么，就提供什么服务，真正实现引进来、留下来、干起来，让人才在一个地方"扎根"，增强发展的底气，让各类人才在各自的舞台上大有可为、大有作为。

**3. 建立和完善乡村治理人才管理机制**

进行乡村治理人才队伍建设，要加强对人才的评价、培养、考核和管理，健全人才培养、引进、管理、使用、流动、激励制度，让农村的机会吸引人、农村的环境留住人，真正打造一支懂农业、农村，对农业、农民有感情，熟悉农村工作的乡村治理人才队伍。

**4. 鼓励多元主体参与乡村治理人才队伍建设**

进行乡村治理人才队伍建设，需要当地组织部主管，农业局、财政局、民政局、人社部门等相关部门协调配合各项管理工作，同时需要农业企业、社会工作组织、高校、律师事务所等社会组织为其提供支持，共同形成乡村治理人才队伍建设工作合力。

## （二）乡村治理人才队伍建设的要求

乡村振兴战略要求乡村治理人才有足够的能力胜任各项乡村基层治理的任务，这对乡村治理人才队伍的建设提出了新的挑战。

首先，在乡村治理人才引进方面，既要吸引外来人才，又要召回本土人才，要秉承任人唯贤的思想观念，将有理想、有能力的人才引入乡村。

其次，在乡村治理人才队伍的管理方面，要因地制宜地管理，并且因人施策。

再次，在乡村治理人才队伍的培训方面，要推动各相关单位相互协作，形成"1+1＞2"的效果，共同强化对乡村治理人才的培养。

最后，在乡村治理人才队伍建设的体系制度方面，要完善乡村治理人才队伍的评价、激励、保障等体系，构建一支能留得住、干得好的乡村治理人才队伍。

# 四、乡村振兴与乡村治理人才队伍的关系辨析

## （一）乡村治理人才队伍建设是乡村振兴的关键

人才振兴是实施乡村振兴战略的重要推力，是落实产业兴旺、生态宜

居、乡风文明、治理有效、生活富裕总要求的有力保障。乡村治理是实现乡村全面振兴的重要支撑和基本保障，乡村治理人才则是乡村治理中最有活力的主体，是影响乡村治理成效的关键因素。在巩固拓展脱贫攻坚成果的基础上，要做好乡村振兴这篇大文章，培育乡村治理人才是一个重要环节。

**1. 乡村治理人才在乡村振兴战略中带动提升农村群众素质水平**

乡村治理人才拥有较高的思想觉悟和良好的政治素养，了解国家的方针政策。作为最接地气、扎根基层最深的人才资源，他们能用农村群众听得懂的语言、能接受的方式，传播国家政策方针，普及法律知识，普及农业乡村现代化理念，从而提升农村群众的思想意识和素质。乡村治理人才也是一批学识丰富、技能过硬、见识远大、敢想敢干的高质量乡村人才，能够把先进的农业科技成果和现代经营理念带给农民，为农民群众搭建技术致富、创新发展的桥梁。

**2. 乡村治理人才在乡村振兴战略中扮演着"领路人"的角色**

乡镇党政工作人才、村党组织带头人、大学生村官等乡村治理政策性人才，能引领农民群众积极参与公共事务，使农民群众在思想上和行动上沿着正确的方向前行，并与党和国家的政策路线保持一致。农村法治人才、农村社会工作人才和农村经营管理人才等乡村治理专业型人才，利用专业技术和知识为乡村产业提供经验和指导，帮助解决乡村经济发展问题；通过网络和直播平台带货等形式，获取市场信息，为农产品打开销路；在乡村社区服务、贫困帮扶等方面提供专业支持；积极协助化解矛盾纠纷，引导群众依法维护合法权益，理性表达利益诉求。

总之，加强乡村治理人才队伍建设，充分发挥人才作用，能够有效引领、带动、促进乡村的发展，不断提升乡村治理水平。打造优秀的乡村治理人才队伍，既是全面推进乡村振兴的关键任务，也是实现乡村振兴目标的动力之源。

## （二）乡村振兴为乡村治理人才队伍建设提供检验标准

乡村治理人才队伍建设能为推动乡村振兴打下坚实的基础，乡村振兴战略的实施也能为乡村治理人才发挥作用提供广阔的平台，并能检验乡村治理人才的工作成果。

**1. 乡村产业、经济的振兴为乡村治理人才队伍建设提供检验标准**

乡村治理综合型人才在乡村基层治理工作中起引领作用，乡村经营管理人才是发展乡村集体经济、推动乡村产业发展的主要力量，这些人才在推动乡村经济发展、引领农民致富等方面起着重要作用。只有建设一支能力强的乡村治理人才队伍，乡村振兴工作才能有效推进。因此，乡村产业、经济发展的成果能够有效反映人才队伍建设工作的情况。

**2. 乡村社会的发展对乡村治理人才队伍建设进行检验**

乡村治理专业型人才队伍中，乡村社会工作人才在社会救济、增进社会福利等方面贡献力量；乡村法律人才为实现乡村法治社会做出努力。他们都是乡村社会和谐稳定的保障者。因此，乡村社会的和谐稳定程度能为乡村治理人才队伍建设提供检验标准。

# 第二节　乡村治理人才队伍建设对策研究

党的十八大以来，我们在培育乡村治理人才方面做了很多的工作，积累了丰富的经验。脱贫攻坚过程中，包括大学生在内的各类人才关注农村、走进农村、建设农村。他们文化程度高、思想活跃、眼界开阔、开拓创新意识强，有力提升了乡村治理质量和效率，为打赢脱贫攻坚战贡献了力量，也让乡村治理人才类型愈加丰富。2022年4月13日，农业农村部办公厅发布了《关于实施"耕耘者"振兴计划的通知》（农办经〔2022〕3号），决定在全国全面铺开实施"耕耘者"振兴计划，以村"两委"干部、乡镇领导干部、县直有关部门干部为重点的乡村治理骨干和以农民合作社带头人、家庭农场经营者为重点的新型农业经营主体带头人是该计划的核心目标人群，以此促进我国乡村治理体系和治理能力现代化，推动乡村全面振兴。在政策推动、各级各部门和全社会的共同努力下，我国乡村治理人才队伍建设取得了很大成效。但从新形势下的新要求、基层工作实际需求及乡村治理人才自身成长规律来看，乡村治理人才队伍建设还需进一步提升。

## 一、乡村治理人才队伍建设的成效

乡村人才的培养和引进是一项系统工程。近年来，有关部门在乡村人才培养、引进及配套政策等方面推出了系列举措，为全面推进乡村振兴、加快农业农村现代化提供了强有力的支撑和保障。

## （一）人才引进力度持续加大

近年来，我国对乡村治理人才引进的力度逐渐加大，同时引入的手段日益丰富多样，具体体现在以下三个方面。

第一，放宽了乡村事业单位招考政策。乡村治理人才队伍的引进不再局限于传统的公务员招录范围，而是在时间、形式、范围等方面进行了调整。这意味着乡村治理人才引进的渠道更加宽广，各类人才有更多的机会参与乡村治理工作。

第二，加大了对乡村治理专业型人才的激励力度。为了吸引更多的专业型人才投身乡村治理，政府加大了对他们的激励力度，提供更好的薪酬待遇、职业发展机会和福利保障。这种激励力度的加大，有助于吸引高素质的人才投身乡村治理，提升乡村治理的水平和效能。

第三，随着乡村振兴战略的提出，各地对乡村人才资源的争夺逐渐加剧。为了争夺人才资源，各地区纷纷采取措施吸引人才回归或留在乡村发展。此外，随着自媒体行业的兴起，人才引进的手段也趋于多样化。各地通过自媒体平台发布乡村发展的信息和机会，扩大了人才引进的宣传范围，吸引了更多人才关注和参与乡村治理。

综上所述，通过放宽政策、加大激励力度、争夺人才资源等方式，我国正在努力吸引更多高素质的人才参与乡村治理，为乡村振兴提供有力支持和保障。这将进一步推动乡村治理水平的提升，助力实现乡村振兴战略的目标。

## （二）人才队伍培养力度不断增强

从乡村治理人才队伍的培训方法中可以发现，各地区都更加重视对乡村治理人才的培训。

首先，各地区积极整合各类教学资源，依托各类党建平台、远程教育站点等教学设施，定期对各类型乡村治理人才开展思想教育、社会工作知识、法律常识等培训，使乡村实用人才及时了解政策、获取信息、掌握技术。我国各高校也纷纷加入了人才振兴的培训队伍。例如，清华大学社会学系的

"乡村振兴领头雁计划"为推进乡村人才搭建线上教学平台，为各类型乡村人才提供大规模培训，力求打造"带不走"的本土人才队伍。

其次，将理论与实践相结合，由专业人员指导，进行现场培训。通过将课堂搬到乡村、将知识和技术送到乡村，实现培训内容深入人心。这种现场培训不仅能使乡村治理人才学以致用，而且更加贴近实际工作需求。专业人员的指导和辅导可以帮助乡村治理人才解决实际问题，不断提高工作能力和水平。

最后，培训方法在不断创新。通过借鉴国内外成功经验，乡村治理人才培训采取了多元化的方式，如实地考察、参观学习、座谈交流等。这些方法能够帮助乡村治理人才更好地了解各地的先进经验和成功案例，激发他们的学习热情和实践动力。

### （三）人才队伍发展环境逐步优化

稳步推进人才体制机制改革，不断优化人才成长发展环境，使人才建设工作呈现出队伍不断壮大、素质明显提高、结构逐步优化的良好态势。

首先，近年来，我国各地对乡村治理人才队伍建设越来越重视，并相继出台了有关人才队伍建设的优惠政策。例如，吉林省出台的相关政策文件中，涉及对各类型乡村治理人才的激励和保障措施，为乡村治理人才队伍建设工作提供了初步的指南。

其次，针对乡村治理人才中的乡村经营管理人才，如乡村集体经济组织带头人和新乡村建设等领域的人才，政府加大了政策倾斜力度，并认真落实国家政策。这些政策的出台不仅为乡村吸引优秀的治理人才奠定了基础，而且为乡村治理人才提供了稳定的职业发展路线。

最后，优化人才发展政策环境对于乡村治理人才队伍建设至关重要。政府通过提供激励政策和保障措施，鼓励乡村治理人才积极投身乡村事业，并明确了他们的职业发展前景，提高了他们的待遇。

综上所述，我国各地通过出台优惠政策和倾斜措施，不断加强乡村治理人才队伍建设。这些政策的出台为乡村治理人才的吸引、培养和发展提供了有力支持，为乡村治理工作的改善和乡村振兴战略的实施打下了坚实基础。

## 二、乡村治理人才队伍建设存在的问题

虽然随着乡村振兴战略的深入推进，各地各部门在加强乡村治理人才队伍建设方面做了大量工作，取得了明显成效，但在乡村人才培养和引进等方面仍然面临一些急需解决的困难和问题。

### （一）乡村治理人才总量不足、结构失衡

当前，乡村治理人才数量仍然不足以满足乡村振兴的需要。近年来，虽然各地积极响应国家乡村振兴的口号，努力采取措施加强对乡村治理人才的引进，但总体效果仍然不够理想，乡村治理人才缺口仍然严重。同时，乡村治理人才队伍的整体文化水平偏低，年龄结构有待优化，青年乡村治理人才不足，需进一步推进乡村治理队伍年轻化。从乡村人才分布情况看，人才多集中在经济较强、交通便利的乡村，偏远地区人才相对较少。另外，村居干部储备不足，现有的村居干部知识文化素养不高，难以满足现代治理水平要求，新培养村居干部过程中往往存在有意愿加入村居干部队伍的能力不足、有能力的人才又不愿意留在农村发展的现象。乡村治理面临的人才断层处境，为乡村治理带来挑战。

### （二）乡村治理人才政策执行、落实不到位

乡村治理人才队伍的长远发展，需要执行人员对政策坚决贯彻和落实。政策的有效实施，离不开执行人员对政策的理解，也需要执行人员有较高的综合素质、专业理论和管理能力。在人才政策的传达和落实方面，部分执行主体看到上级拟定的政策后，以主观意愿选择自己认为合适的政策执行对象进行传达，使得其他基层治理人才不清楚相关政策情况，这不利于政策对本地乡村治理人才激励导向作用和外地人才引进作用的发挥。

### （三）乡村治理人才的培训缺乏有效性和针对性

乡村治理人才培养开发机制尚不健全，没有制定完整的乡村治理人才开发和培训计划；缺少专门的培训机构，培训时间不固定，在培训班次设置上缺乏统筹谋划，授课内容难以保持连贯，碎片化严重；培训的内容多是"以会代训"，缺乏系统性的理论培训；培训往往只是按照上级安排机械组织，

缺乏互动、跟进和反馈。

### （四）乡村治理人才待遇不高，难以留住优秀人才

工资待遇是乡村治理人才个人利益和物质需求的基本保障，乡村治理人才待遇不高，是乡村治理人才流失的重要原因。另外，乡村发展落后、基层工作繁杂、上升通道窄、发展机会不多、乡村人才社会地位不够高等，都使乡村治理人才面临着流失容易留住难的问题。

## 三、加强乡村治理人才队伍建设的对策

2023年中央一号文件中指出，要实施乡村振兴人才支持计划，组织引导教育、卫生、科技、文化、社会工作、精神文明建设等领域人才到基层一线服务，支持培养本土急需紧缺人才。建设一支能够满足乡村振兴需要的乡村治理人才队伍，有效解决"三农"问题，是当前乡村发展的重大目标。现阶段，我国乡村治理人才队伍建设取得了一定成就，但距离保障实现乡村全面振兴的目标还存在较大差距，有待进一步加强。为此，要在人才培养、引进、使用、服务等方面采取有力措施，培养造就一支善管理、懂经营、能带富的乡村治理实用人才队伍，激发乡村治理人才队伍活力，打造新时代乡村治理和乡村振兴人才高地，赋能乡村治理。

### （一）加大宣传推广，树立重才观念

乡村治理人才队伍建设要先"解放思想"。从思想观念上重视人才，是乡村治理人才队伍建设的首要环节，因此要在全社会加大对乡村治理人才队伍建设的宣传推广力度。

首先，政府部门必须树立强烈的农村人才意识，把农村人才工作列入党委重要议事日程，真正从思想上高度重视乡村治理人才队伍建设，自觉把乡村治理人才工作摆在重要位置，加大对乡村治理人才队伍建设的宣传力度。

其次，要在高校大力宣传、推广乡村治理人才的相关政策，通过举办宣讲会、会议报告等形式，宣传乡村治理人才工作，解读有关政策文件，提高乡村治理人才政策在高校的知名度和知晓度，让学生充分认识乡村治理人才队伍建设的重要意义，鼓励和引导高校毕业生到农村去，扎根农村、服务农村。

最后，要面向农民群众宣讲乡村治理人才的重要性。乡村治理的一切工作都离不开农民的支持，要通过各种宣传方式使广大农民认识到乡村治理人才队伍对于农民经济、社会及农民自身利益的贡献，让尊重知识、尊重人才的理念在人们脑海中扎根，形成全社会尊重人才、关爱人才的良好氛围。

### （二）加强统筹规划，促进部门合作

加强乡村治理人才队伍建设工作，要深化党对乡村治理人才队伍建设工作的全面部署，统筹协调各部门工作及各项资源，围绕乡村振兴的大局来谋划和推进乡村治理人才工作。要明晰权责和任务，完善制度，严格规范乡村治理人才队伍建设的各项环节，加强指导，积极统筹协调各部门的工作，理顺乡村治理人才队伍建设工作的运行机制。

**1. 要将乡村治理人才队伍建设与乡村振兴战略大局相融合**

各级各部门必须不断加强对乡村治理人才工作的领导，提升主体意识，将乡村治理人才队伍建设与我国乡村振兴战略的总体规划相结合，进行全方位考虑，创新乡村治理人才队伍建设的方式方法，正确把握人才的引进、培养、使用等环节，并加强政策的宣传引导，确保相关政策落实到位。

**2. 要加强各相关部门的协调与合作**

加强乡村治理人才队伍建设工作，要将人才工作与乡村振兴紧密融合。这项工作复杂繁重，不仅需要党委把握好总体方向，而且需要加强农业、财政等相关部门的分工合作，让各个部门有效配合、形成合力。各部门应该加强沟通和交流，实现资源共享。此外，加强乡村治理人才队伍建设工作的主体不应只是政府一家，而要充分依靠市场力量，联动其他相关公共部门与社会组织参与到乡村治理人才队伍建设工作，整合技术、资金、人力等资源优势。同时，可以采取激励的方式，吸引金融机构、高校、律所及社会工作组织等多元主体积极参与乡村治理人才队伍建设。

### （三）加大资金扶持，扩大资金渠道

推进乡村治理人才队伍建设，需要足够的资金来保障人才引进、培养、管理等方面的工作。我国一些乡村经济发展基础薄弱，没有足够的能力为乡村治理人才搭建施展才华的平台，因此，加大资金扶持力度显得尤为重要。

首先，政府应保障在农村经济扶持上的财政支出，在资金上优先保证对

人才发展的投资，做好专项资金扶持的管理工作，将乡村治理人才发展资金纳入财政预算，设立乡村治理人才专项资金、创业基金，保障基层人才管理工作的开展和基层人才建设项目的实施。

其次，政府通过使用专项财政补贴和税收优惠等方式，引导个人、企业和社会组织等多渠道投资主体参与乡村治理人才发展资金支持；鼓励建立乡村专项人才发展基金，委托信誉较好、收益稳定的社会基金管理公司运营，为乡村治理人才队伍建设提供广泛化和市场化的资金投入；成立人才发展公司，打造集人才引进、培养、服务及人才产业发展、项目孵化于一体的公司化运营模式。

### （四）完善乡村治理人才引进制度

推进乡村治理人才队伍建设，需要健全人才引进的长效机制，保障优秀人才持续不断地向乡村输入，推动乡村的产业壮大、社会安定、生态环境优化。要根据各个地区的实际情况，有针对性地制定乡村治理人才引进政策，完善人才引进措施，确保人才"引进来"。

**1. 完善政策体系**

坚持把政策支持作为引进乡村治理人才的重要抓手，立足各地实际情况制定人才引进扶持政策，加强人才引进工作，最大化地发挥政策效用。从给予创业补贴、提供办公场所、享受金融扶持、发放引才补助等方面，营造吸引乡村治理人才的良好环境，提高对人才的吸引力。

**2. 压实工作责任**

建立健全制度机制，将乡村治理人才队伍建设纳入基层党建"书记项目"，并将其作为各级党组织年度考核的重要指标，压紧压实乡村治理人才队伍建设工作责任。立足强化组织领导，成立工作推进专班。定期举办座谈会，与村"两委"领导面对面沟通，听取用人需求及意见，建立人才引进清单，贯彻落实乡村治理人才引进"一事一议""一人一策"的核心要求，为乡村治理人才引进提供服务保障。

**3. 柔性制定人才引进措施，拓宽人才引进渠道**

通过选调生、公务员、"名校优生"选聘等工作的落地实施，真正优化乡村治理人才队伍结构，充盈人才蓄水池。实施"新乡贤"回村、"农二代"返乡、"青创客"归巢等人才招引行动，采取"一对一""点对点"形式回引优秀企业人才。从市级各行业部门从事"三农"工作的干部中选派干部到村交流、下沉任职，投身乡村治理工作。与高校合作，主动建立起定向引进的合作关系。鼓励和支持本乡在外人才回乡创业和领办经济实体，优化注册登记、行政审批、场地租赁手续和程序，为人才创业提供场地、设施和便捷服务，推动人才回乡、资金回流、项目回迁。

### （五）完善乡村治理人才培育制度

持续加强乡村治理人才培养工作，有针对性地加大人才培养力度，全面提升乡村治理人才的综合素质和业务能力，确保人才"育得出"。

**1. 选优配强基层党组织人才**

充分利用乡镇领导班子换届契机，将德才兼备、实绩突出、群众公认、熟悉乡土民情、农村工作经验丰富的干部选拔进入乡镇领导班子。从党员中选出有足够责任心的人员担任党支部书记，将培养重点放在退役军人、大学毕业生群体上，为村干部和村党组织储备人才做准备。加大人才选派力度，坚持和完善向乡村振兴重点村选派驻村第一书记和工作队制度，打造过硬带头人队伍，充分发挥"领头雁"作用，为实现乡村振兴积蓄"不竭动力"。实施村级后备力量培育、党员专项发展计划，常态化储备村级后备干部。

**2. 健全专业化培训机制**

充分利用乡镇党校阵地，将乡村治理人才培养纳入教育培训计划范畴，整合各类培训资源，采取线上、线下相结合的方式，围绕巩固拓展脱贫攻坚成果和乡村振兴分级分类举办各类培训班。对现有的村党支部书记和村干部开展"领头雁"培训。选派乡村干部、种植养殖大户、家庭农场主、致富带头人参加种植养殖技术培训班，学习先进技术。落实一村（社区）一法律顾问工作，配齐法律顾问，每村设立"法律明白人"，开展"法律明白人"和人民调解员培训，量身定制培养规划，不断壮大乡村法治人才队伍。

**3. 开展帮扶培养模式**

组织农业专家定期开设"田间课堂"，深入田间地头、养殖圈舍、生产一线开展实地培训，推进生产能手、经营能人等培育工作，大幅度提升乡村治理人才技能水平。建立"1＋1"帮带机制，邀请"老乡镇""老支书"结对帮带乡村治理"新人"，"面对面""手把手"传授经验。

### 4. 加强对外合作交流

加强与省内外重点高校联系对接，积极开展全方位、多层次的合作，选派乡村治理人才到先进地区培训学习，全面加强党员干部队伍的理想信念教育和党性锤炼，提高其创新创业能力水平。深入推进涉农校地、校企等跨地区、跨领域人才交流合作，共建共享乡镇人才培育资源平台，打造乡村治理人才培养"孵化器"。

## （六）完善乡村治理人才使用机制

落实政策扶持机制，为人才在农村创新创业提供支持，不断拓展乡村治理人才参与乡村振兴的渠道，完善人才管理考核机制，确保人才"用得好"。

### 1. 为人才发展提供发挥作用的平台

科学配置人、岗资源，实现人岗相适、人岗相宜，最大化发挥人才优势，提升岗位效能，使乡村治理人才在乡村大展拳脚、施展才华。按照"人才＋企业""人才＋基地、示范＋产业"的工作思路，以优秀人才创业基地为载体，积极引导乡村治理人才带头创业、领办基地，带领群众调结构、促产业。

### 2. 在政策、项目上给予创业支持

持续加大乡村治理人才创新创业支持力度，对农村治理人才创办的农民专业合作社、家庭农场等新型农业经营主体，符合条件的按照规定给予财政支持。对乡村治理人才开展创新创业的企业，给予一定的场地租赁、物业管理、水电费财政补贴。落实创业担保贷款政策，优化贷款审批流程，对符合条件的农村创业人才，可申请财政贴息创业担保贷款，有效解决农村实用人才创新创业过程中遇到的资金难题，切实为乡村治理人才干事创业保驾护航。

### 3. 建立健全灵活的人才管理考核机制，激发人才创新创业活力

在乡村治理人才评价标准上，要建立以综合素质、业务能力、创新业绩、实绩成果等为主要考核评价指标的人才综合评价体系。

## （七）完善乡村治理人才激励机制

对乡村治理人才编制、流动、激励等方面做出具体规定，构建人才安心乡村、扎根乡村的长效机制，使乡村治理人才在政治上有奔头、经济上有甜

头、工作上有干头，确保人才"留得住"。

**1. 完善政治激励机制**

对于获得农村群众广泛认可、表现特别优秀、政治觉悟较高、绩效考察成绩突出的农村社会工作人才、农村经营管理人才和农村法律人才，加大培育举荐力度，给予优先介绍入党资格，或者通过组织考核后进入村"两委"担任村干部，带领广大村民发家致富。有突出贡献的乡村治理人才优先推荐为"两代表一委员"，或者选拔为乡镇人民政府工作人员，提高乡村人才的存在感、获得感、荣誉感。

**2. 完善荣誉激励机制**

不断优化乡村人才政策环境，畅通乡村人才成长路径。提升乡村治理人才薪酬待遇等服务保障，拓宽晋升渠道，完善乡村治理专业人才职称评价机制和人才激励机制，开展"土专家""田秀才"等乡土人才高层次人才认定工作，调动农民技术人才发挥专长。选树一批乡村治理人才先进典型，每年给予表彰奖励，营造浓厚的人才工作氛围。

**3. 完善服务保障机制**

加强对乡村治理人才的关怀，强化乡村治理人才全方位服务。建设乡村治理人才安居住房，在人才落户、子女入学等方面开辟绿色通道，解决人才后顾之忧。持续改善乡村人才发展所需的基础设施、环境卫生条件、办公条件和配套公共服务，为乡村人才队伍发展提供良好环境。

# 第三节　新乡贤参与乡村治理的价值与路径

乡村振兴的关键在于人才振兴，乡村治理的关键在于人才。新乡贤群体作为新时代的精英人才，既是乡村中的一种人才优势，也是村民的引领力量，扮演着"桥梁""智库""楷模"等角色，具备重要的价值功能，在提升乡村治理现代化水平、推动乡村振兴过程中起重要作用。积极引导新乡贤参与乡村治理，对重塑乡村社会秩序和价值认同、构建新型乡村治理格局、激发乡村治理内生性力量具有十分重要的意义。

## 一、新乡贤的鲜明特性

近年来，随着新乡贤参与乡村振兴的作用越来越突出，新乡贤群体逐渐成为社会各界关注的焦点。乡贤治村的传统从古流传至今，这是因为乡贤在乡村中具有较高的公信力，受到人们的普遍尊重。当村民之间产生冲突后，乡贤在其中起到调解作用。新乡贤就是生于乡土、长于乡土、愿意奉献于乡土，有德行、有能力，在村民之间具有高威信、好口碑的群体。此外，新乡贤作为一种乡村内部的非正式权威，是不处于国家正式制度之内的。新乡贤来源广泛、成分多样，准入条件比较宽松，只要在某一领域有突出表现，能够为乡村建设事业贡献力量的人，都可以称为新乡贤。

"乡贤"起源于东汉，在明清时期发展壮大，晚清时期因为战争频发而进入低谷。19世纪末至20世纪初，乡贤因"污名化"而离场，直至改革开放后，由于时代的需要，乡贤重新返场。新乡贤这一概念最早出现于2008年的《绍兴晚报》中，后受到了学术界的广泛关注，学者们也从各个不同的视角对新乡贤的历史由来、制度基础、发挥的作用、作用发挥的困境和优化路径进行了深入的研究。后来，国家也多次出台相关政策，明确新乡贤在乡村发展中的重要作用，要求各地要大力培育新乡贤文化，赋予新乡贤文化新的时代内涵，促进新乡贤文化的创造性转化和创新性发展，发挥新乡贤在乡村治理中的作用。

新乡贤是心系乡土、有公益心的社会贤达，一般包括乡籍的经济能人、社会名流和文化名人，财富、权力、声望是其外在表现形式，公益性是其精神内涵。与传统乡贤不同，新乡贤主要"新"在以下三个方面。

### （一）新的时代背景

乡村社会和乡村治理呼唤新乡贤回归，协同参与乡村治理，重新构建乡村治理格局。在实施乡村振兴战略的大环境中，新乡贤在乡村治理领域的突出作为，可以不断丰富基层治理主体，完善基层治理格局。在城乡差距日益拉大的今天，新乡贤回归并助力乡村发展有着独特的政治政策优势。

### （二）承担着新的功能

与传统乡贤不同的是，新乡贤更加注重增强自身的能力要素。这种能力投射到乡村治理领域，具体体现为高效化解纠纷、提高公共管理效能、不断促进经济产业发展、持续引领社会新风尚等。在村民自治的基层治理格局中，新乡贤作为一种柔性治理力量，能够不断发挥自身在法治、自治、德治等多方面的独特优势，继而达到治理有效的目的。

### （三）创新乡村治理的参与渠道

新乡贤可以运用多元主体沟通合作的方法共同破解乡村治理困境，转而成为乡村治理中的协同参与者，补位而不越位，积极发挥辅助作用。新乡贤凭借自身的优势与资源，广泛而又深入地参与到民主决策、民主协商、民主监督等乡村治理政治领域的各个环节，积极为乡村建设出谋划策。

## 二、新乡贤参与乡村社会治理的价值体现

新乡贤不仅仅具有传统乡贤的一般特征，如乡土情怀、道德品行、伦理情操等，还具有现代的知识、技能和新的文化视野，有着较强的综合素质和能力，在乡村社会中有极大的影响力，如在化解乡民矛盾、培育文明乡风、助力乡村振兴等方面都具有重要价值。

### （一）化解乡民矛盾

传统乡贤在古代有着"传声筒"和"灭火器"的功能，他们在推动政府政策的实施和维系乡村稳定方面发挥了重要作用。例如，清代朝廷官员张英在为解决老家和邻居因一堵墙而引起的矛盾的回信中写道："千里修书只为墙，让他三尺又何妨。"由此平息了两家心中的怒火。随着时代的发展，乡村社会发生了巨大变化，但传统的社会架构并未完全塌陷，传统的熟人关系社会依然存在。而新乡贤适应了社会主义现代化发展的要求，是传统乡贤的延续与发展，他们继承了几千年来传统乡贤的优良品格，具有较高的综合素质、道德风尚、社会地位和丰富的学识。他们可以利用自身的人格魅力来感染周边的人，用村民能够接受的方式来传递现代知识，使现代的法律和契约精神与传统的价值和伦理得以协调，在弘扬中华民族传统美德、传播社会主义核心价值观等方面发挥着重要作用。

此外，新乡贤生于斯、长于斯，受到传统乡村文化和现代城市文明的熏陶，了解乡民的所思所想和城市的处事方法，具有基层政府所没有的优势。

他们凭借其特殊身份奔走于城乡之间，运用城市的思维为乡民矛盾纠纷提供新的解决思路，乡民不自觉地就会提高对新乡贤的信任，从而在基层社会实现自治、法治和德治的有效结合，形成遵纪守法、和谐互助的社会氛围，有效推动国家治理体系下的和谐乡村建设。

## （二）培育文明乡风

乡风文明是实现乡村振兴战略的灵魂。建设优良的地方民风、营造和谐的社会文化，是近年来我国社会主义精神文明建设的一大阶段性任务。但乡村社会存在的根深蒂固的封建迷信思想、红白事大操大办的现象及社会道德标准下降、事不关己高高挂起等思想，严重阻碍了创建文明乡村的步伐。而新乡贤能够利用自己的学识教化乡民、宣传优秀文化遗产，促使乡民树立高度的文化自觉、文化自信，将优秀文化内化于心。他们能够凭借淳朴善良的处世原则、勤劳节俭的生活态度感染乡民，促使其树立积极向上的世界观、人生观、价值观。

新乡贤身上的文化道德力量可以教化乡民、反哺桑梓、泽被乡里，在乡村振兴战略的实施中有利于凝聚人心、促进和谐、重构传统乡村文化，更有利于乡村治理和精神文明建设。在实施乡村振兴战略的过程中，不仅需要"知识精英""财富精英"的智力及有效运用财富的能力，而且需要"道德精英"维系文化传承及维护社会和谐。新乡贤是"道德精英"的重要组成部分，在当地有德行、有才能、有声望、口碑好，深受民众尊崇，一直在乡村振兴中承担着弘扬传统美德、培育文明乡风民风家风等重要责任，扮演着重要角色。

## （三）助力乡村振兴

新乡贤不仅在乡民之间传播了富强、民主、文明、和谐等方面的价值观，推动了文明乡村建设，而且为乡民走上致富之路指引了方向。

经营型新乡贤可以充分发挥自身在经营企业、种植业、养殖业或其他经贸活动方面的优势，营建起规模化的农业合作社，发展乡村旅游和农家乐，把乡村振兴经济基础做扎实，带动当地经济发展，解决村民的就业问题，提高村民的收入水平。

技能型新乡贤可以发挥自身在农业种植和养殖、加工制造、建筑装修等方面的技术特长，为村民提供生产管理、产品包装、农产品销售中的各种咨询和服务，提高村民的收入。

文化型新乡贤可以发挥自身在文化艺术方面的优势和特长，推进乡村文娱设施的建设和乡民文娱生活的改善，整理传承乡村民间文化，组织提供各种文化娱乐活动，发展文化旅游产业，既可以丰富村民的精神文化生活，提升乡村的精神文明建设水平，又可以提高村民的收入。

公益型新乡贤可以发挥自身组织能力强、活动范围广、联系人口多的优势，通过做公益、做慈善，筹集资金，在村容村貌整治、通村道路建设、水电网改造、乡村文化广场修建、养老助学等方面贡献力量，加强乡村基础设施与社会主义新农村建设，促进产业发展。

尽管政府在资金、技术及各种政策等方面对乡村的倾斜和扶持力度不断加大，但是在这些注入乡村的资源中，最重要的还是人才本身。取得成功的新乡贤始终坚持生长于乡村、回馈于乡村的理念，他们有威望、有能力、有冲劲儿，在发展过程中始终坚持理论与本地实际相结合的原则，以小带大、以部分带动整体，创造性地推动家乡发展，为维护乡村秩序、有效解决"三农"问题、推动乡村经济增长和实现乡村振兴战略做出了重要贡献。

## 三、新乡贤参与乡村治理的路径

### （一）强化新乡贤自身及监管体制建设

#### 1. 明确新乡贤的角色定位

在乡村社会，新乡贤作为乡村建设的重要力量，要明确自身职责，厘清自身角色，以辩证的眼光看待自己。新乡贤要改变传统权威治理思想和社会治理思想，清楚自己是通过自身掌握的资本参与乡村治理的，为乡村治理提供建议与技术性支持，为乡村发展注入新鲜活力，促进乡村经济发展；利用自己的人脉和在村民中的形象，为乡村化解纠纷及提出解决对策，凝聚乡村力量，维持乡村稳定秩序，宣传当地乡风文化、乡村美德，营造文明乡风。

#### 2. 强化个性化教育

新乡贤是乡村的精英能人，提升其综合素质十分重要。其自身发展得越全面，在乡村中能做的事也就越多，可能出现的纰漏也就越少。

（1）由村民和村干部从村中选出来的本地乡贤，具有较高的道德水平，他们的德行是受村民广泛认可的，而且他们的家就在乡村，乡村的舆论会遏制他们向负面发展的趋势。乡村需要开办各种知识水平培训班，通过课程教导增加其专业知识。也可由政府组织，带领这部分新乡贤前往新乡贤治村效果较好的地方进行考察，开阔他们的事业，让其能够在乡村治理中发挥更大的作用。另外，要提高当地的教育水平，以提高乡村后续乡贤队伍的整体知识水平。政府应提供更多的经费来促进教育的发展，加强乡村教师人才队伍建设，提升教师的思想政治素养；定期提供高质量的教师培训，建立教师工资增长长效联动机制，提升教师薪资待遇。

（2）从外吸引而来的新乡贤，一般都是能够在城市中崭露头角的精英，本身综合素质较高。为了更好地服务当地，需要选派专业人员，带领这些返乡的新乡贤在家乡各地进行考察，了解家乡各地具体的发展情况，以便他们能在将来的乡村治理中提出针对性对策，对症下药，切实解决乡村治理难题。

要加大对返乡新乡贤的道德水平教育，定期开展专项讲座，加深他们对家乡的感情；建立新乡贤引入筛选机制，严把在外新乡贤引入关；建立监督机制，对新乡贤的工作进行监督，以保证他们在乡村工作中做到公平公正，切实保障村民的权益。

## （二）正确协调村干部与新乡贤之间的关系

我国乡村治理是所有人的共治，即在多个乡村主体的商讨下解决乡村出现的一个个问题。新乡贤和村干部是乡村中的精英人群，是乡村治理的主力人群，而且村"两委"与新乡贤的职能与工作十分相似，他们之间能否达成一致的看法，影响着乡村治理的好坏。因此，协调好新乡贤和村干部的关系，形成一套良好的协同治理模式极为重要。

新乡贤是人民利益的代表者，他们的目标是人民利益的最大化。为了避免新乡贤群体与村"两委"工作出现冲突，应对两者的工作内容进行严格分工，划分好界限，防止二者在工作上出现冲突而影响乡村稳定。

第一，对进入乡村工作的新乡贤进行培训，让他们充分了解到自己工作的内容，防止越权事情的发生。

第二，对村干部进行思想培训，纠正他们的偏见，让其明白新乡贤来参加乡村工作不是因为工作得不好，而是为了减轻他们的负担，更好地促进乡村发展。

此外，当新乡贤与村"两委"在工作过程中出现矛盾时，可以通以下途径进行解决：① 召开村民大会，让新乡贤和村干部轮流上台表达自身想法，由村民来决定选择哪种策略；② 坚持镇（乡）党委等上级组织的领导，并通过其中间协调和引导来处理这些分歧或矛盾。

### （三）大力发展乡村产业，加大新乡贤文化宣传

要加强乡村产业的发展，以留住乡村人民；要加大对新乡贤的宣传力度，以营造出新乡贤治村的良好氛围。新乡贤的发展与产业的发展是相辅相成、相互促进的。产业的发展可以促进当地居民就业，增加当地的经济收入，进而形成新乡贤治村的良好氛围；而新乡贤可以为当地的产业发展献计献策，培育一批高质量的乡村产业。因此，政府要加大对当地产业的政策扶持力度，找准主导产业，制定具有针对性的扶持政策，切实保障当地产业的快速发展。

**1. 加强对乡贤文化的研究**

要通过对国内的新乡贤学术论文及古籍的研究，充分了解新乡贤的定位，明白何为新乡贤。弄清楚何为新乡贤后，通过广播站、文化广场、文化墙、宣传栏等方式对新乡贤文化进行宣传，引导村民形成正确的乡贤价值判断。在网络已全面覆盖乡村的情况下，可以通过网络对新乡贤文化进行传播，如依托微信、微博、公众号等公众平台，持续推出乡贤事迹及乡贤文化建设活动信息等，也可以在村里的父老乡亲群里推送宣传新乡贤文化。这样，不管是在村中生活的村民，还是常年在外务工的村民，都能够了解到何为新乡贤，从而营造出浓厚的新乡贤文化氛围。

**2. 讲好新乡贤故事**

通过新乡贤表彰会、交流会、论坛等形式，表彰先进典型，营造社会氛围，增进广大村民对新乡贤文化的认同和认知；通过县镇村重大节日活动和村庄的公共舞台，对新乡贤的优秀行为给予表彰；依托当地报刊报道新乡贤事迹；编制宣传册、制作新乡贤宣传海报；等等。通过这些多元化途径宣传乡贤事迹，能让村民充分地了解到何为新乡贤，理解新乡贤是实实在在为村庄发展做事情的，从而更加相信新乡贤，支持新乡贤在村中的工作。

### （四）搭建多元化的新乡贤治村平台

搭建多元化的新乡贤治村平台，吸纳新乡贤加入其中是很有必要的。建立新乡贤组织，可以将原本单兵作战的新乡贤集中起来，集思广益，产生更多更好的治村想法。同时，新乡贤组织的成立，也可以充分挖掘乡村资源，使乡村资源的利用效率最大化。

**1. 给予新乡贤组织合规的身份**

拥有合规的身份，新乡贤才能够在乡村治理中发挥更好的作用。首先，县里要出台文件赋予新乡贤一定的身份。其次，村里需要召开村中会议，为新乡贤正名，让村民都能够知道何为新乡贤、谁是新乡贤。这样，新乡贤的工作才能顺利开展。

**2. 给予新乡贤组织一定的发展资源**

新乡贤组织的发展和完善是需要一定的场地和启动资金的，需要乡村提供一定的支持。

**3. 完善新乡贤组织的管理制度**

对新乡贤组织的人员选拔标准、程序、组织性质、职责等出台具体的规定，根据"村事民议、村事民治"的要求，明确新乡贤组织的公益性、服务性和非营利性等属性，确保新乡贤组织在乡村治理中是"补位"而不是"越位"。

### （五）完善保障制度和激励、评价体系

**1. 给予返乡没有土地的新乡贤一定的土地，为其提供一定的保障**

土地是村集体为数不多能够拿出来的资源，村集体可以与新乡贤签订土地使用协议，当新乡贤在村中为村民服务时，拥有这些土地的使用权；当其离开乡村时，村集体收回这些土地。一方面，土地的分配可以为返乡的新乡贤提供一定的保障，激发新乡贤参与乡村治理的积极性；另一方面，通过签订协议，可以防止不怀好意的乡贤侵占乡村土地。

**2. 完善乡村医疗保障和社会保障体系，切实保障返乡新乡贤的权益，形成新乡贤治理村庄长效机制**

在医疗保障方面，要加大对乡村医疗体系的投入，形成城乡均等化的医疗体系，根据各地人口结构的不同配置合理的医疗设备，切实保障医疗的

供给。

在社会保障方面，新乡贤来到乡村后，若想要让他们长期留在乡村为乡村振兴献计献策，则必须给他们未来的生活做好保障。为此，政府机构一方面要加大乡村养老机构建设，另一方面要积极探索新型乡村养老模式。总之，要让新乡贤返乡有希望、留乡有保障。

**3. 建立正向鼓励引导机制**

开展新乡贤评选活动，给做出突出贡献的新乡贤颁发证书，以激发其参与乡村治理的积极性。另外，政府可以拟定一套新乡贤评价体系，每年年底以村"两委"和群众作为评选人，按照拟定的评价标准对该年新乡贤的工作进行打分，选出工作成效较好的新乡贤并给予表彰。表彰既可以是物质上的奖励，也可以是精神上的鼓励，但应以精神上的奖励为主，从而防止新乡贤异化。总之，就是要让新乡贤有一定的参与感和成就感，从而更好地为乡村振兴服务。

**4. 形成合理的评价体系**

政府、新乡贤及群众共同商讨出一套符合当地的新乡贤工作评价体系，并在各个乡镇大力宣传这套评价体系，让村民认识到新乡贤的工作是有意义的，切实保障新乡贤的有效工作能被广泛地认可，进而提高各个领域新乡贤的工作积极性。

# 第四节 乡村治理人才队伍建设典型案例

## 一、辽宁省抚顺市新宾县："三向培养"强化治理人才支撑

为解决乡村缺人才、缺技术、干部素质有待提升等问题，新宾县深化实施新时代"三向培养"工程，把致富能手培养成党员，把党员培养成致富能手，把党员致富能手培养成村干部，进一步强化了乡村人才储备，提高了乡村干部的综合素质，为推进乡村治理提供了人才支撑。

新宾县地处辽宁省抚顺市东部山区，辖15个乡（镇）181个行政村，总人口22万人，党员1.7万余人，其中农村党员8200余人。为解决乡村缺人才

的难题，2019年年初，新宾县在长期探索的基础上，深入实施新时代"三向培养"工程，即"把致富能手培养成党员、把党员培养成致富能手、把党员致富能手培养成村干部"。至2022年，全县新时代"三向培养"对象达1244人，发展致富产业1244个，解决就业岗位3769个。在新一届村"两委"成员中，有新时代"三向培养"对象804人，占83%。

## （一）精心谋划部署，把选拔高质量"三向培养"对象摆在突出位置

### 1. 强化组织，全面部署

将新时代"三向培养"工程写进县委工作报告，纳入县委常委会重要议事日程，与巩固脱贫攻坚成果和推进乡村振兴同研究、同部署，相互结合、相互促进。成立新时代"三向培养"工程领导小组，由县委书记担任组长，靠前指挥、统一调度，领导小组成员单位各司其职、形成合力。

### 2. 划分阶段，梯次推进

新宾县按照从低到高的培养目标，将新时代"三向培养"工程划分为初级、中级、高级三个培养阶段。其中，初级阶段即将致富能手培养成党员、党员培养成致富能手、党员致富能手培养成村干部；中级阶段即将初级阶段培养的人才培养成村支书、村主任或产业带头人；高级阶段即将中级阶段培养的人才进一步培养成乡村振兴领军人物。制订《新时代"三向培养"工程阶梯培养流程》，明确新时代"三向培养"对象选拔条件、程序和标准，建立"联系一批、选拔一批、巩固一批、提升一批、淘汰一批"的长效机制。

### 3. 包村到人，强化督导

将新时代"三向培养"工程纳入乡村两级基层党建重点任务和实绩考核内容，作为基层班子及成员评先创优、提拔使用的重要依据。各乡镇党委建立包村到人机制，履行对村党组织推荐选拔"三向培养"对象的督导责任，落实联系帮扶工作要求，对擅自简化程序、降低选拔标准的一律推翻重来。对经研判后确实不适合继续培养的一律及时淘汰，严把"三向培养"对象入口关、质量关，推动形成严密的领导体系和组织体系。

## （二）破解困境，做好"三向培养"工程"前半篇"文章

农村青壮年劳动力和党员是新时代"三向培养"工程的主要培养对象，

但这些人大部分在外务工或经商，导致对象人选数量不足。为此，新宾县开展"雁归巢"行动，激励引导这些"走出去"的青壮年劳动力和党员返乡创业，做好"三向培养"工程"前半篇"文章。

**1. 全面调查摸底**

充分了解农村外出人员身份类别、文化程度、政治面貌、家庭状况、工作现状、技能特长、创业意向等基本情况，为引导农村外出人员返乡创业奠定基础。目前，全县已建立农村外出务工人员数据库，共记录3308人的基本情况。

**2. 分类管理跟踪**

安排各乡镇党委书记和班子成员通过拨打电话、上门走访等方式，与外出人员建立联系，掌握重点对象的思想状态、工作动向、创业打算等情况，按照确定返乡创业、有意向返乡创业、未明确态度、无返乡创业打算等不同类型，建立分类管理台账，将在外地已经有产业基础、具备能力、返乡意愿浓厚或返乡创业需要政策支持的人员作为重点"回引"对象，提高回引工作的针对性和实效性。目前筛选重点"回引"对象299人，其中有132人返乡创业，经考察，73人被纳为新时代"三向培养"对象。

**3. 加强宣传引导**

采取实地探访、电话交流、微信互动、返乡座谈、典型引路等多种方式，主动、经常、灵活地与外出务工人员保持联系；通过"老人说""亲属说"，帮忙算算"经济账""亲情账"，引导农村外出人员树立"归根"意识和回报意识；制作"归雁圆梦"系列宣传片3期，宣传家乡发展变化、特色项目前景、创业扶持政策等，营造良好舆论导向，激励引导外出务工人员返乡创业。

**4. 厚植创业土壤**

优先帮助符合条件的"雁归巢"人员协调惠农贷和创业贴息贷款等金融政策，帮助协调解决用地、用水、用电问题；针对有条件、无项目的"雁归巢"人员，依托现有特色产业项目和创业典型，筹建"雁归巢"创业孵化基地，发挥先进典型"传帮带"作用，助力其创业"开好局、起好步"。

## （三）精准滴灌，加大"三向培养"对象教育扶持力度

新宾县坚持把抓培训、抓资金、抓帮扶、抓典型贯穿"三向培养"工作

始终。采取县内培训和县外培训相结合、举办共性班和特长班相结合、专题讲座和实地考察相结合等方式，县、乡两级累计开展教育培训95场次1659人次，带领外出考察86次779人次。整合政策性扶持资金，协调"惠农贷"、创业贴息贷款及各类扶持资金4300余万元，帮助选定致富项目117个，协调用地1245亩。坚持"被帮者能借上力，帮扶者能使上劲"的原则，实行各级干部与培养对象"一对一"结对帮扶制度，通过"主动上门""一站式代办"等，在项目孵化、政策咨询、融资对接、法律援助等方面提供帮助，解决实际问题361件，开展技术服务和购销服务553次。持续发挥典型引路作用，目前，打造新时代"三向培养"对象示范线路4条，选树先进典型19人，通过线下拉练座谈、线上宣传推广，传递先进典型发展经验和实用信息，激励更多新时代"三向培养"对象坚定发展信心，增强荣誉感，取得"抓好一个、带动一片"的良好效果。

### （四）深入实施，加强人才队伍建设，提升治理能力

本着积极引导、规范管理、跟踪考核的原则，组织各村党组织根据新时代"三向培养"对象的优势、长处、能力和特点，开展设岗定责锻炼，参与服务群众先锋路、脱贫攻坚、生活垃圾分类及资源化利用、处理矛盾纠纷等农村中心工作，鼓励部分产业规模大、辐射带动作用强的新时代"三向培养"对象领办合作社、家庭农场等，整合各方面力量进行接续培养，在实践中锻炼和考察他们的政治素质、"双带"能力和参与村级事务管理的能力，逐步培养成党员。上夹河镇腰站村新时代"三向培养"对象吴宝刚，通过发展紫香糯玉米种植、加工产业，解决了120名村民的就业问题，其中大部分是贫困户、五保户等弱势群体。榆树乡蔡家村新时代"三向培养"对象蔡振平，牵头成立了"振平香菇合作社"，带领144名成员将产业发展到200多亩，带动村集体和村民稳步增收。

## 二、临安三联村：新乡贤助力乡村共富

伴随农村深化改革和乡村振兴战略的不断落地，新乡贤成为推进乡村共同富裕与永续发展的重要力量。下面介绍杭州市临安区湍口镇三联村新乡贤助力乡村发展的实践经验。

## （一）发展背景

杭州市临安区既是全国休闲农业重点县，也是全国乡村振兴战略重点实践地区。三联村地处临安西部，地形以山地、丘陵为主，人口不到2000人，是一个小麦种植历史悠久的村庄。三联索面便是小麦的衍生物，也是临安区为数不多的食品类非物质文化遗产项目。然而过去几十年，由于人员外流、投资缺乏、农村土地承包制度等原因，三联村一直处于经济发展缓慢、人口下降、青壮年人才流失等困境之中。为了解决这些问题，三联村采取新乡贤助力的方式，通过新乡贤的资源整合和项目引进，帮助村里实现了村庄的现代化建设和经济发展，成为杭州市首批"共富村"。

## （二）主要做法

### 1. 构建"党建＋统战"共建共享机制

近年来，临安区湍口镇以党建为引领，以"乡情、亲情、友情"为纽带，通过建立乡贤工作室、成立乡贤联谊会、举办乡村论坛等举措，推进农村优秀人才回流。三联村依托村级组织力量，统计在外创业乡贤与知名人士，建立动态管理的乡贤数据库。同时，结合线下乡贤联谊会等活动，打造线上线下相融合的乡贤联络体系，凝聚乡贤力量。

在新乡贤的带领下，三联村积极探索统一战线和社会治理有机融合，并落实"我为群众办实事"的工作宗旨，着力解决乡村治理难点问题。借助党建阵地和"一站式统战工作室"组织丰富多彩的各类活动，打造"三联会客厅"党建品牌，成立了一个以"党员带头、志愿先行、群众共治"为特点的乡村治理模式。同时，为了共同开拓乡村高质量发展的新方向，还组织了线上乡贤谈商会，针对乡村旅游、项目引进、产业发展、返乡创业、结对帮扶等议题深入研讨。通过线上线下的各类活动，将政府、企业、新乡贤和村民紧密联系在一起，在不断增强乡村统战力量的同时，推动了新时代乡村文明实践的全面发展。

### 2. 新乡贤助力农业农村现代化

三联索面是临安区非物质文化遗产。随着制作三联索面的农户数量逐年增加（从最初的十几户扩展到六十余户，年产量约5万公斤），索面产业也面临农户技艺不精、产品水平参差不齐、包装简单、运输物流不便等问题。

2021年，三联村通过"新乡贤＋合作社＋农户"三方合作，开展"三联索面·共富工坊"项目，成为临安区首批3星级"共富工坊"，合力破解三联索面产业发展难题。在"80后"新乡贤代表、三联村党总支书记方刚的带领下，三联村流转66.7亩农田种植小麦，并与三联油坊达成合作协议，全面保障索面制作原料的品质。同时，探索制定索面制作标准，建立技术培训与交流机制，进一步规范农户生产。此外，三联村要求每个索面工坊做到营业执照、健康证、卫生许可证三证齐全，明确婚宴喜庆、老人祝寿、儿童辅食和产后月子四大销售主题，精准产品定位，进一步规范生产、销售流程。2022年，用于储存农产品的冷库也正式投用，相当于为三联村提供了储存和物流基地，在生产、供给、储存、销售等环节形成了一个完整的产业链。目前，三联索面已顺利获得食品安全企业标准认证，5家索面工坊顺利建成并投入使用，索面生产进一步标准化、规范化，让传统索面焕发市场新活力。

**3. 坚持以村带户、新乡贤带动的创新发展模式**

为鼓励农户积极参与到乡村优质产业，三联村成立了由村集体及30名新乡贤、村民、组长共同出资入股的杭州临安区湍口镇泉乡农产品专业合作社，在三联村党群服务中心新建乡贤直播间，邀请当地新乡贤当起了临时"网红"，让三联的特色农产品真正走出大山，走向千家万户。泉乡农产品合作社的建立，不仅发挥了村集体的导向作用，而且充分调动了农户的生产积极性，实现了农民增收、集体创收。此外，通过市场联结农户模式形成利益链，把美丽庭院、垃圾分类等中心工作纳入索面生产农户考核体系，促进村庄建设和管理工作责任落实到户，持续推动"美丽生态"转化为"美丽经济"。

## （三）启 示

**1. 充分挖掘本土特色农业农村资源**

三联村的主要经济来源是索面与湍口温泉，因此，应立足当地的农业农村资源特色，深入挖掘其中的价值，避免各村同质化竞争，延长产业链，让农业和文旅深度融合，提高产业价值。三联村以索面与温泉为核心产业，并借助新乡贤的力量开发、配套其他商业资源，如索面节、索面文化广场、索面加工体验、温泉民宿、骑游三联村等。目前，三联村作为杭州临安区湍口镇"温泉＋非遗"旅游线路的一环，既增强了外地人来旅游消费的动力，也提高了索面的品牌传播力与文化价值。

### 2. 充分利用"新乡贤＋"模式，推动乡村共同富裕

三联村合理利用 "新乡贤＋"模式，引导、支持新乡贤积极探索"新乡贤＋产业""新乡贤＋文化""新乡贤＋集体经济"等模式，借助新乡贤的能力与资源，走乡村产业兴旺、文化繁荣、民生共富的发展道路。同时，在新乡贤统战工作上，建立"区—镇（街道）—村（社区）"三级联动的新乡贤联谊组织。将新乡贤作为推动者，塑造"党建引领、政策主导、新乡贤协调、村民主体和社会参与"的多元治理格局，构建共建共治共享的治理体系。

# 第七章 ｜ "三治融合"乡村治理体系

构建自治、法治、德治相结合的乡村治理体系，是党中央准确把握新时代发展的趋势，深刻洞悉农村发展的规律所做出的决定，是实现乡村治理能力有效提升的重要途径。"三治融合"乡村治理方式起源于浙江桐乡。2013年，该村最早探索试点，经过多年的实践，"三治融合"乡村治理方式取得了不错的效果，被很多地方竞相学习。党中央充分肯定这一基层的探索实践。2017年，党的十九大报告中提出实施乡村振兴战略，强调要"健全自治、法治、德治相结合的乡村治理体系"。2022年，党的二十大报告中指出："全面建设社会主义现代化国家，最艰巨最繁重的任务仍然在农村。"建立自治、法治、德治相结合的乡村治理体系，有助于扎实推进乡村振兴战略，有助于提升乡村现代化水平，进一步补齐全面建设社会主义现代化国家的短板。

## 第一节 "三治融合"乡村治理体系概述

### 一、"三治融合"乡村治理体系的概念

#### （一）"三治融合"概述

"三治融合"即自治、法治、德治有机融合，是指将自治、法治、德治的治理主体、体制机制等相互融合、互构互嵌，形成统一的整体，实现"$1+1+1>3$"的治理效能。

**1. 自治**

自治通常与"民主"联系紧密，一个真正民主的社会，就是一个自治的

社会，人民就是自己的主人，自由平等参与公共事务管理，形成多元共治的治理格局。在我国，村民自治是社会主义民主发展的重要实践，乡村地区的村民通过基层群众自治组织依法直接行使民主权利，实行自我管理、自我教育、自我监督、自我服务。

第一，自我管理。它主要是指村民充分发挥所在地区独特的优势，实现自我管理的过程。尤其是在少数民族地区，外来人员很难在短时间内熟悉本村的事务。因此，实现村民自治的重要一环就是依托村民自身的优势，实现自我管理。

第二，自我教育。乡村要振兴，离不开农民整体素质的提升。除了基层党组织通过党课、讲座等形式提升广大村民素质，非常重要的教育方式就是实现村民自我教育。当前，广大村民接受知识的方式发生了重大的改变，依靠电脑、手机终端接受教育已然成为当下村民接受教育的重要方式。通过自我教育实现村民自治，对整体推动"三治融合"的发展，具有重要的意义和作用。

第三，自我监督。它是村民通过自身对道德和法律的学习把握，实现对自身或他人语言、行为的监督过程。一般来讲，自我监督与道德和法律相承接，与自我约束相对应，是村民实现自我净化、自我完善、自我革新、自我提高的重要支撑，也是推动基层全面从严治党有效落实的重要内容，对基层自我革命的推动起到重要的作用。

第四，自我服务。它指村民在自身能力范围内，通过建立志愿者服务站、成立志愿者服务队等举措，满足广大村民现实生活中如保险、信贷、补贴等方面的需求，使广大村民切实感受到贴心的服务就在身边，全心全意拥护中国共产党的领导，衷心拥护基层群众自治的基本政治制度。

**2. 法治**

依法治国是我国治理国家的基本方略，在国家治理体系中发挥着积极作用。对于广大农村地区而言，法治主要包含以下四个方面的内容。

第一，广大农村地区在遵守宪法和相关法律的基础上，制定适合本村发展的一些相关措施，有效推动本村经济、政治、文化等多方面的稳定和发展。

第二，加强农村普法，提升村民法治意识。相对于广大城市而言，我国广大农村地区仍然存在着部分农民法律意识薄弱、法治宣传力度不足、基层组织依法行政能力不强等现实问题。因此，要聚焦这些关键问题，通过普法教育、加快相关法律人才培养和吸纳等方式，从根本上解决制约农村法律意识不高、依法行政能力不强等问题，不断提升农村基层的法律普及率、法律执行力和法律渗透力。

第三，用法律保障村民的合法权益。当前，在广大农村地区，依然存在如农村宅基地管理、弱势群体权益维护等突出问题。因此，有必要加快农村法治化进程，加强农村宅基地的管理制度建设，赋予农民集体对宅基地使用的监督、管理权，发挥农民集体所有者应有的作用，保护农民合法权益。

第四，用法律为返乡农民创业保驾护航。新时代，返乡农民和大学生创业已然成为推动乡村振兴的一道靓丽风景线。对于广大农民和大学生来讲，返乡创业既是现实的需求，也是助力乡村振兴和发展的重要因素。对于地方政府来讲，除了在政策上给予返乡农民和大学生更多的支持，还要从法律上保障其返乡创业的良好环境，为他们提供更多的法律咨询、援助和服务，依法维护他们的权益，让更多的优秀农民和大学生扎根农村、服务农村，为推动乡村振兴战略的实施奠定坚实的人才基础。

### 3. 德治

德治是法治的有效补充，是自治的有力支撑。德治在乡村治理体系的建构过程中起着重要的作用，是涵养文明乡风的前提、推进乡村治理现代化的必然举措、提升村民素质的重要途径。

第一，从文明乡风的涵养的角度来看，离不开广大村民社会公德、职业道德、家庭美德及个人品德的培育和养成。当前，在一些地区仍然存在着道德的陋习，如攀比之风、迷信之风等，影响和制约着文明乡风的形成和发展。

第二，从推进乡村治理现代化的角度来看，道德属于上层建筑的范畴，在推进乡村治理过程中，加强道德建设，能够有效地反作用于经济基础，有效推动乡村治理现代化进程。因此，在推进乡村治理过程中，除了必要的法治因素，还需要将德治有效地融入法治进程中，充分发挥道德的作用，尤其要发挥社会主义核心价值观的引领作用，不断提升村民的道德素养，为乡村振兴注入更多的道德元素，以德治有效助力自治和法治的顺利实现。

第三，从提升村民的道德素养的角度来看，要充分发挥道德的教育功能，不断加强社会主义核心价值观及社会公德、职业道德和家庭美德等方面的道德教育，真正让社会主义核心价值观在乡村基层落地生根。同时，要充分发挥道德模范的引领示范作用，教育广大村民向道德模范学习，做时代发展的楷模，为推进乡村治理现代化做出应有的贡献。

"三治融合"并非自治、法治、德治三者的简单相加，而是三者的彼此融合、相互促进。"三治融合"既是一种治理理念，也是一种治理制度，还是一种治理实践。从治理理念来看，"三治融合"具有多元化、整体性、系统性的特点，体现出政府、基层组织、民众与社会力量共享权力、协商共治的内涵；从治理制度来看，"三治融合"表现出规范性、稳定性和有序性等特点；从治理实践来看，"三治融合"成为一种新的治理方式，在村民积极参与共治的基础上，浸透于新时代乡村治理的具体实践。

### （二）"三治融合"乡村治理体系概述

"三治融合"乡村治理体系，就是强化农村基层党组织领导作用，通过村民自治激发治理体系内生活力，通过法治规范治理规则和秩序，通过德治实现乡风文明促进文化自觉和治理有序。这三方面治理方式相互协调，形成有机融合的治理机制和路径，形成多元共治的治理体系。

在"三治融合"乡村治理体系中，"三治"的逻辑关系为"自治是核心，法治是保障，德治是基础"，三者你中有我、我中有你，各有侧重，共同发挥作用，是一个紧密联系、相互促进且不可分割的有机整体，推动乡村社会繁荣、有序发展，也是最终实现乡村善治的有效途径。

自治在"三治融合"乡村治理体系中发挥着核心作用，处于根本地位。要尊重和维护广大村民的各项民主权利，把村民自治落实到乡村基层民主建设与乡村治理的全过程，坚持和完善基层群众自治制度，与时俱进，勇于创新，发挥村民的主体智慧，保障村民知情、表达、参与、监督等权利的有效实现，让村民真正实现当家作主。

法治是自治和德治的重要保障。《韩非子·有度》中指出："国无常强，无常弱。奉法者强，则国强；奉法者弱，则国弱。"这表明必须在符合社会主义法治的要求、原则和标准下来进行乡村治理。若没有法治的民主，民主可能会变为多数人的暴政；若没有法治的自治，自治可能会变成个人的专制。因此，要摒弃传统的"人治"思维和"小民意识"，培养村民的法治思维与法治素养，保证乡村治理工作符合法律规范，让村民人人遵守法律。

德治是自治和法治的基础，它在"三治融合"乡村治理体系中起支撑作用。道德具有引领、规范、约束的内在作用，是一切良法善治的基石，这就需要村民自觉成为社会主义核心价值观的践行者、乡村优秀传统文化的弘扬者，继续发扬乡村传统美德和优良家风家训、族规族约，营造和谐的乡村氛围。

## 二、"三治融合"乡村治理体系的重要意义

### （一）"三治融合"乡村治理体系是国家治理体系和治理能力现代化的重要组成部分

目前，我国发展不平衡不充分的现状使得乡村治理体系和治理能力不足，即国家治理体系和治理能力现代化在乡村治理方面还存在短板。乡村治理体系和治理能力不足的问题亟须引起我们的重视。在此背景下，传统基层社会治理尤其是乡村治理的诸多痛点和堵点，随着新时代"三治融合"乡村治理体系的提出和实践而得以不断解决。"三治融合"乡村治理体系融入的治理方式是多维度的，与基层社会治理尤其是乡村治理的核心是高度契合的，开启了新时代乡村治理模式改革的新篇章。

"三治融合"乡村治理体系以基层群众自治为基础，充分发扬基层民主，通过法律规范的约束作用和社会主义核心价值观的引导作用，达到惩恶扬善的目的，从而激发基层治理主体的积极性，最终推动乡村治理体系在新时代的蜕变。

### （二）"三治融合"乡村治理体系是实现乡村振兴战略的重要助力

"三治融合"乡村治理体系是国家实施乡村振兴战略的必然要求和重要突破口。在转型过程中，乡村社会的人口结构、观念结构、经济结构等出现了巨大转变。大量乡村人口流向城市、乡村社会老龄化、留守儿童及空巢老人问题亟待解决；现代文明的发展对传统文化带来冲击，村民传统观念及价值观发生深刻变化，许多乡村优秀文化丢失，道德约束力下降；经济快速发展，一些村民对利益的追求更为突出，公共意识差；等等。面对这些问题，原有的乡村治理体系无法回应乡村社会的变迁。构建"三治融合"乡村治理

体系，能够有效解决乡村治理难题，化解乡村社会矛盾，为乡村社会发展提供和谐稳定的环境，促进乡村社会安定有序；能为乡村社会发展提供和谐稳定的环境，促进乡村社会安定有序。

**（三）"三治融合"乡村治理体系有利于满足广大农民群众日益增长的美好生活需要**

党的二十大报告中指出，中国式现代化是全体人民共同富裕的现代化。我们坚持把实现人民对美好生活的向往作为现代化建设的出发点和落脚点，着力维护和促进社会公平正义，着力促进全体人民共同富裕，坚决防止两极分化。乡村振兴的最终目的是实现共同富裕，满足农民群众日益增长的美好生活需要。马克思主义唯物史观认为，人民群众是社会进步的直接动力，在社会发展过程中起到促进作用的人民一定要共享改革发展的成果。"三治融合"乡村治理体系从治理内生动力来讲，能够充分调动农村群众的积极性，运用群众智慧，整合优势资源，激发乡村活力，这是贯彻以人民为中心的发展思想及尊重村民首创精神的重要体现。从最终目标来讲，"三治融合"乡村治理体系致力于维护和保障农民利益，满足广大农民群众日益增长的美好生活需要，增强农民的获得感、幸福感、安全感。

# 第二节 "三治融合"乡村治理体系的发展

## 一、"三治融合"乡村治理体系的缘起

在乡村社会发生重大变迁的宏观背景下，农村社会原有的治理体系面临着许多新问题、新挑战。在此背景下，全国各地纷纷探索乡村治理模式变革，其中浙江桐乡市高桥街道越丰村于2013年率先进行"三治融合"乡村治理模式实验，形成了"一约二会三团"。"一约"是指村规民约，通过广泛协商制定出村民自己的行为准则，并通过村民的自我监督、自我约束，辅以一定的奖惩措施来保障其作用的发挥。"二会"是指百姓议事会和乡贤参事会。其中，百姓议事会发挥着村民自治的作用，通过召集村民进行集中协商，实现民事民议、民事民办、民事民管；乡贤参事会则主要发挥乡贤的感

召力和影响力，通过集中召开会议或个别协商谈话，处理各种争议纠纷。"三团"是指百事服务团、法律服务团和道德评判团。其中，百事服务团主要负责提供各种志愿服务，法律服务团则承担法律服务职责，而道德评判团则属于道德评判体系的重要组成部分。总之，"一约二会三团"通过法治约束，将村民自治与道德自律相结合，形成了从内及外、由下至上的多元主体共同参与的新型治理模式，实现了事后处置向事前和事中延伸的有机转变，并逐渐发展成为制度蓝本。

## 二、中央关于"三治融合"乡村治理体系的论述与部署

党的十八届三中全会提出"推进国家治理体系和治理能力现代化"，这是向社会主义现代化迈进的一步。国家治理的基础在乡村，乡村治理体系的发展体现着国家治理体系现代化的水平。

2017年，党的十九大明确提出"加强社会治理制度建设，完善党委领导、政府负责、社会协同、公众参与、法治保障的社会治理体制，提高社会治理社会化、法治化、智能化、专业化水平"，并且首次提出"加强农村基层基础工作，健全自治、法治、德治相结合的乡村治理体系"，将"三治融合"乡村治理体系从地方的治理经验上升到国家战略层面。这是中央在总结基层探索基础上的新部署，是根据我国农村社会治理的基本制度安排、特点和开放背景提出的新要求。从此，我国的乡村治理进入了一个新时代。

一方面，"三治融合"乡村治理体系建设，更加注重村民参与乡村治理，体现了他们的主体地位，能够充分表达广大村民的意愿和心声，提高他们参与管理乡村事务的能力和水平，把理论和实践有机地结合了起来。另一方面，它是一种新的具有中国特色的治理理念和治理方式，能保障党的领导核心地位，及时准确地贯彻党中央的方针政策。同时，政府可以将有效的治理资源整合起来，向乡村的各个方面投入，推进乡村社会的发展。此后，"三治融合"乡村治理体系的建设不断向前发展。

党的十九届四中全会系统阐述了坚持和完善中国特色社会主义制度，指出"坚持和完善共建共治共享的社会治理制度"，进一步明确"建设人人有责、人人尽责、人人享有的社会治理共同体，确保人民安居乐业，社会安定有序"。2018年1月，《中共中央 国务院关于实施乡村振兴战略的意见》中明确提出："加强农村基层基础工作，构建乡村治理新体系。"2019年6月，中

共中央办公厅、国务院办公厅印发《关于加强和改进乡村治理的指导意见》，其中明确指出，要"紧紧围绕统筹推进'五位一体'总体布局和协调推进'四个全面'战略布局，按照实施乡村振兴战略的总体要求，坚持和加强党对乡村治理的集中统一领导，坚持把夯实基层基础作为固本之策，坚持把治理体系和治理能力建设作为主攻方向，坚持把保障和改善农村民生、促进农村和谐稳定作为根本目的，建立健全党委领导、政府负责、社会协同、公众参与、法治保障、科技支撑的现代乡村社会治理体制，以自治增活力、以法治强保障、以德治扬正气，健全党组织领导的自治、法治、德治相结合的乡村治理体系，构建共建共治共享的社会治理格局，走中国特色社会主义乡村善治之路，建设充满活力、和谐有序的乡村社会，不断增强广大农民的获得感、幸福感、安全感"。

《中共中央 国务院关于坚持农业农村优先发展做好"三农"工作的若干意见》（2019年中央一号文件）中指出，"建立健全党组织领导的自治、法治、德治相结合的领导体制和工作机制，发挥群众参与治理主体作用"。《中共中央 国务院关于抓好"三农"领域重点工作确保如期实现全面小康的意见》（2020年中央一号文件）中提出，"扎实开展自治、法治、德治相结合的乡村治理体系建设试点示范，推广乡村治理创新性典型案例经验"。党的二十大报告中提出，"完善社会治理体系，健全共建共治共享的社会治理制度""建设人人有责、人人尽责、人人享有的社会治理共同体"。《中共中央 国务院关于做好2022年全面推进乡村振兴重点工作的意见》（2022年中央一号文件）在关于全面推进乡村振兴重点工作的意见中指出，"健全党组织领导的自治、法治、德治相结合的乡村治理体系"。

2023年中央一号文件中提出"健全党组织领导的乡村治理体系"，并从以下三个方面做出详细部署。

第一，强化农村基层党组织政治功能和组织功能。突出大抓基层的鲜明导向，强化县级党委抓乡促村责任，深入推进抓党建促乡村振兴。全面培训提高乡镇、村班子领导乡村振兴能力。派强用好驻村第一书记和工作队，强化派出单位联村帮扶。开展乡村振兴领域腐败和作风问题整治。持续开展市县巡察，推动基层纪检监察组织和村务监督委员会有效衔接，强化对村干部全方位管理和经常性监督。对农村党员分期分批开展集中培训。通过设岗定责等方式，发挥农村党员先锋模范作用。

第二，提升乡村治理效能。坚持以党建引领乡村治理，强化县乡村三级治理体系功能，压实县级责任，推动乡镇扩权赋能，夯实村级基础。全面落实县级领导班子成员包乡走村、乡镇领导班子成员包村联户、村干部经常入户走访制度。健全党组织领导的村民自治机制，全面落实"四议两公开"制度。加强乡村法治教育和法律服务，深入开展"民主法治示范村（社区）"创建。坚持和发展新时代"枫桥经验"，完善社会矛盾纠纷多元预防调处化解机制。完善网格化管理、精细化服务、信息化支撑的基层治理平台。推进农村扫黑除恶常态化。开展打击整治农村赌博违法犯罪专项行动。依法严厉打击侵害农村妇女儿童权利的违法犯罪行为。完善推广积分制、清单制、数字化、接诉即办等务实管用的治理方式。深化乡村治理体系建设试点，组织开展全国乡村治理示范村镇创建。

第三，加强农村精神文明建设。深入开展社会主义核心价值观宣传教育，继续在乡村开展听党话、感党恩、跟党走宣传教育活动。深化农村群众性精神文明创建，拓展新时代文明实践中心、县级融媒体中心等建设，支持乡村自办群众性文化活动。注重家庭家教家风建设。深入实施农耕文化传承保护工程，加强重要农业文化遗产保护利用。办好中国农民丰收节。推动各地因地制宜制定移风易俗规范，强化村规民约约束作用，党员、干部带头示范，扎实开展高价彩礼、大操大办等重点领域突出问题专项治理。推进农村丧葬习俗改革。

# 第三节 "三治融合"乡村治理体系构建典型案例

近年来，各地认真贯彻落实党中央决策部署，强化党组织领导，发挥农村党支部战斗堡垒作用，加强县乡村联动，强化数字赋能，解决突出问题，探索加强乡村治理体系建设，并在实践中探索出积分制、清单制、村民说事、数字化、接诉即办等务实管用的治理方式。

## 一、村民说事模式：浙江省象山县迭代升级"村民说事"制度，畅通群众议事协商渠道

自2019年列入全国乡村治理体系建设试点示范单位以来，象山县坚持农

民主体、多元共治，不断丰富"有事好商量、众人的事情由众人商量"的制度化实践，迭代升级"村民说事"制度，使线上线下融会贯通，拓宽农民群众参与乡村治理的渠道，推动民主协商、民主决策、民主管理、民主监督走向纵深。

## （一）创设"四个平台"功能定位

### 1. 民意汇集平台

坚持以人民为中心，不限内容、不限形式、不限对象，鼓励村民敞开说，打消村民顾虑心理，大家有事一起说，广泛汇集民情民意。

### 2. 民主协商平台

把"协商于民、协商为民"具体化、规范化、制度化，畅通村民参与村务管理的渠道，有效提升民主化水平，把群众知情权、参与权、监督权落到实处。

### 3. 决策推进平台

提高决策水平、深化村民自治，以《农村小微权力清单》为议事准则，通过深度融合法律法规，建立一系列民主规则和程序，实现自我管理、自我决策、自我服务，形成一人说事、大家献计、迅速落实的良好格局。

### 4. 矛盾化解平台

从源头上发现不稳定因素、信访苗头倾向，通过当事村民与镇村干部面对面沟通，把利益诉求说出来、矛盾纠纷摆出来，坦诚商讨解决方法，及时处置初信初访，做到矛盾纠纷"排查、化解、办结、回访"与"说、议、办、评"深度融合。

## （二）实行"四大环节"闭环运行

### 1. 有事敞开说

拓宽说的渠道，落实固定日子集中说、党员联户上门说；创新说的形式，形成网格说、线上说、现场说等新渠道；扩大说的主体，引导发动政法干警、新乡人参与"村民说事"；丰富说的内容，突出共同富裕、乡村振兴、集体经济、村庄建设等主题说事。

### 2. 遇事多商量

规范议的程序，常事急事由村党支部书记主持召开村务联席会议商讨，大事要事召开党员大会、村民代表会议商议。建立议的直通车，对村级无法解决的难事特事，通过"一中心四平台"直接提交上级商议决定。

### 3. 有事马上办

健全党员干部联系服务群众机制，推进"最多跑一次"改革向农村延伸，加快基层便民服务点建设，实行村级事务管理多员合一、专职代办，实现常用事项和民生事项全域通办，落实一般事项快速结、重点事项书记抓、联办事项流转办。

### 4. 好坏大家评

村民专项评，对每件办结事项进行满意度测评，做到一事一评、即办即评；村民代表综合评，结合"双述双评"，对"村民说事"全年开展情况进行综合评价，倒逼干部改进作风、干事创业；乡（镇、街道）绩效评，把"村民说事"与集体经济、村庄环境、社会稳定、干部廉洁四张报表考评相结合，比学赶超、争先创优。

## （三）构建"四治融合"制度体系

### 1. 自治为本

制定《村民说事操作规程》，坚持在党的领导下，尊重村民意愿，群策群力、集思广益，推动乡村干部父母官角色向服务者角色转换。调动村民有序参与村级各项事务管理、决策和监督等治理活动的积极性与主动性，做到村民明白、干部清白，让村民成为乡村治理的主人翁。

### 2. 法治为纲

形成《农村小微权力清单》和运行流程，健全重大事项决策报备、村级工程项目监管等重点领域配套制度。实施镇、村法律顾问一体化制度，组织安排法律顾问参与村级事务，全程保障议题、办理、善后各环节全部合法合规。推进农村基层治理标准化，制定《党员联户规范》《组织评议规范》等重点地方标准，初步形成乡村治理标准体系。

### 3. 德治为基

强化村规民约刚性约束，发布象山村风村训，引导社会主义核心价值观融入村民生产生活。推行治理积分制，开展农民文明指数和诚信指数测评，依据村民积分确定享有补助、享受福利程度。创新"四会说四风"，实施新乡村道德提升行动，通过重塑乡村的内生秩序，加强法治文明建设，增强村民之间，以及村民与村级组织间的情感、认同联结。

**4. 智治为先**

依托现代互联网平台等科技支撑，创新线上"象山村民说事应用平台"，包含信息发布、投票调研、事务备案、会议直播、文档上传等内容，健全民主议事、决策酝酿、投票表决、执行监督四大功能，在规范、便民、高效的基础上，突出村民主体地位，尊重村民意愿，保障村民权益。

### （四）保持"四大焦点"长效机制

**1. 为民服务是根本出发点**

"村民说事"制度有"说、议、办、评"四大环节，以民主议事为核心要素，在密切联系群众上具有独特优势，真正做到了知民意、解民忧、得民心。全县民生诉求办理群众满意率提高至97.8%，农村信访量下降32.2%。

**2. 制度集成是核心关键点**

"村民说事"制度兼具闭环系统和开放平台的特性，具有强大的包容性、吸附性和集成性，具有源源不绝的生命力和延展力。

**3. 数字改革是动力增长点**

数字赋能下的"村民说事"，打通了离乡人共谋共商的渠道，点燃了原乡人参事议事的热情，为老方法赋予了新活力。

**4. 共同富裕是最终落脚点**

"村民说事"共治共建共享的理念契合共同富裕的根本要求，为乡村振兴、基层治理等重点工作提供了有效的民主化实现路径。例如，茅洋乡银洋村通过议事协商，由村集体出资120万元、106户村民众筹423万元共建乡村欢乐世界项目，2020年10月运营以来盈利253万元，户均分红2.2万元，村集体经济增收25万元。

## 二、浙江省杭州市建德市："建村钉"敞开乡村数字治理大门

建德市建立"市、镇、村、组、户"五级数字治理体系，通过"建村钉"实现了一键直达农民和"基层四平台"全面打通，有效破解了乡村治理工作面广量大、人少事多的痛点，以及村民诉求解决慢、村级事务参与少、信息沟通耗时长等问题。

建德市地处浙江省西部，辖16个乡（镇、街道）256个村（社区），户籍人口51万人。2020年7月，建德市在开展乡村治理体系建设试点示范中，针对村民诉求解决慢、村级事务参与少、信息沟通耗时长等问题，坚持试点先行与全面推行同步、项目创新与探索实践同行、平台优化与推广应用同谋，积极探索推进"建村钉"平台建设。"建村钉"集宣传发布、在线沟通、协同办公、便民服务等功能于一体，上线2周就实现村户全覆盖，建立起"市、镇、村、组、户"五级管理的乡村治理数字化平台。全市激活量达26.59万人，日活跃高达10.72万人。

## （一）探索实践，让村干部善用"建村钉"

### 1. 村务"晒出去"

及时发布村情和党务、村务、财务等公开信息，实现随地随时可看、可查，保障村民知情权。平台上线以来，在全市发布村民圈信息16.6万条，其中钦堂乡每村2100多条。

### 2. 事务"走出去"

通过全员群、"钉直播"等方式实时播放新型冠状病毒感染疫情防控、防汛救灾、志愿实践、户主大会等重要事务视频，实现村村可直播、次次可回放、人人可连线。通过"村集体审账"等，让村（社区）日常事务变得更加高效，方便群众、促进办理。2021年4月开设以来，钉上审账达3.72亿元。

### 3. 服务"送出去"

通过"以案释法"，加强对农民群众的法治宣传教育和违法案例警示教育，实现一周一案；设立"建检钉"子模块，为基层群众提供案件申诉、线索举报、司法救助等法律服务。例如，三都镇松口村录播《中华人民共和国民法典》普法宣讲影像，既普及法律知识，又对群众进行宣传教育。

## （二）创新场景，让老百姓爱用"建村钉"

### 1. 民心聚起来

针对村民缺乏有效沟通渠道等问题，通过实名认证，建立通讯录、钉钉群，形成一村一界面、全民都上线、全市一张网局面，实现人口精准管理、民心有效集聚。截至2022年底，全市建立手机通讯录33.45万人，钉钉群5444个，群信息量每天25万多条。三都镇松口村依托"建村钉"平台，设置

"钉·功分"——"美好账本"应用场景，聚焦村民日常的垃圾分类、美丽庭院、说事议事、邻里和睦、创业共富、志愿服务6件事，通过在线评分、榜单排名，以积分形式建立"美好账本"，线下通过"小钉灯"智慧门牌实时常态亮灯，有效激发了农民群众参与乡村治理热情。同时，整合镇域内的银行、超市、医院等资源，形成"美好治理贷""美好消费券""美好体检单"等组合激励套餐，让村民充分感受到"有德者有得"。

**2. 民呼为起来**

打通党建统领、经济生态、平安法治、公共服务"基层治理四平台"和建村钉"有事找村里"模块，村民只需"钉一下"，意见需求直接在线提交村、镇、市干部手机端，村干部、网格员"第一时间收件、第一时间代办"。例如，下涯镇春秋村村民在"有事找村里"反映有村民在田里焚烧秸秆，村干部即刻赶到现场劝导制止，实现问题"一键反映、秒回即办"，让"人人都是网格员"的效应充分显现。

针对村民参与村级事务少的问题，设置"钉上议事厅"等模块，村民可随时随地就乡村产业发展、美丽乡村建设、社会民生事业等事项进行讨论，打造24小时不关门的"网上村民议事厅"，真正打破时间空间限制，实现"众人事众人议"。例如，梅城镇千鹤村通过打造"未来乡村"向村民发起议事，收到意见建议128条。

## （三）迭代升级，让市、镇、村都用"建村钉"

**1. 多跨协同**

通过持续推进、多跨协同、迭代升级，统一标准、互通数据、规范建设，建成"1＋10＋N"集成平台，逐步实现"上面千条线，下面一村钉"。"1"就是"建村钉"主平台。设立数智门户、活跃数据、直通发布、建德市号等应用。通过建德市号发布的信息，平台全员都能看到；通过直通发布，可将信息精准推送至全体或部分民众。"10"就是至少10个子模块。设立村管钉、莓好钉、平安钉、建检钉、党务钉、村务钉、财务钉、服务钉、防疫钉、智工钉等集成模块，打造集自治、法治、德治和监督、智慧、共富、服务等一体的乡村"智治"平台，形成数字乡村建设合力。"N"就是每个子模块都设有N个应用场景。例如，为规范村级主职干部"一肩挑"后的用权问题，村管钉会同市委组织部设立"链组党建""到村先打卡""议事我发起"

"开会我签到"等9个子场景，有效解决了村干部人不在、会不开、事不办等问题。村事一张屏可通过10项村级运行"健康"指数对全市256个村社进行综合分析、排名，描绘"健康、亚健康、不健康"三色图。

**2. 上下联动**

纵深推进"新安·17治理"系统建设，把"建村钉"作为"浙政钉""浙里办"的有力补充，打造"17（一起）治理"、整体智治，更具建德辨识度的乡村治理数字化平台，形成可复制、可推广、具有建德特色的乡村"智"治样板。对村民反映的问题，村干部、网格员无法办理的提交镇里统办，镇里解决不了的提交市级部门联办，形成"村里代办、镇里帮办、部门协办"的三级联动数字治理平台，真正打通服务基层的"最后一公里"。

**3. 领域拓展**

从乡村治理向乡村产业拓展，通过"莓好钉"，集技术服务、种植服务、购销服务、政策服务、有效监管于一体，推进草莓产业数字化改革和应用，推动乡村产业转型升级、农民增收和共同富裕。例如，种植草莓的农民只要点击"我要贷款"，即可在线一键申请贷款。通过平台为211家信用等级B级以上农业经营主体发放"共富·农安贷"1.87亿元，节省利息405.75万元。

## 三、上海市浦东新区航头镇：以"科技＋积分"提升乡村治理水平

航头镇强化基层党建引领，探索运用"科技＋积分"的方式创新乡村治理，通过梳理乡村治理的痛点堵点、明确积分指标和标准，构建了特色积分体系，并在此基础上，以数字赋能打造智慧化积分平台，推动治理更加智慧有效。

上海市浦东新区航头镇面积约60平方千米，农村区域占全镇面积2/3，共有13个村30个居委，常住人口近20.9万人。一段时间以来，全镇人口老龄化问题日趋严重，加之大量外来人员居住在自然村宅，全镇乡村治理工作量大面广、情况复杂，村民参与乡村治理热情不高、主动性不够。为此，航头镇积极探索运用"科技＋积分"的方式创新乡村治理，在乡村治理中推广应用积分制，建立智慧化积分平台，持续推动乡村治理提质增效。

### （一）突出问题导向，构建特色积分体系

**1. 梳理乡村治理痛点堵点**

将全镇15个部门42项涉及乡村治理的事项整理归类，梳理出14类与村民自治有关、操作有难点、推进有难度的事项，既包括垃圾分类绿色积分、美丽庭院星级户评定等治理新内容，也包括助老服务、出租屋安全管理等镇域管理"老大难"问题。

**2. 建立导向明确的积分指标体系**

将12类事项作为正面指标，2类事项作为负面指标。正面指标突出正向激励引导功能，着重在人居环境、文明新风、知法守规、人人参与4个方面引导村民"怎么做"，包括鼓励、倡导村民维护美丽整洁的乡村环境，营造树立健康文明的社会风气，树立法治观念并遵守基本法律规范，参与乡村管理建设等。负面指标设置底线约束指标，针对涉黑涉恶等违法行为、新增"两违"等难点问题，进一步明确不能逾越的"红线"。

**3. 形成简明易懂的积分标准**

对14类事项分层细化，形成一目了然、通俗易懂的积分办法。一是评分内容有细化。把积分与村民的具体行动相结合。例如，将"营造和谐有序家园"事项细化为不占用公共道路乱停乱放、家禽规范养殖、不随意破坏绿化环境等。二是积分分值有梯度。对同一类事项，根据完成情况不同，给予不同分值。例如，参与文明养犬，家庭内没有养犬，养犬坚持做到圈养、拴绳、不扰民等，可积5分；犬只办理犬类登记，按照所有犬只规定接种疫苗等，可积20分。三是评分周期有差异。根据不同事项执行情况，选择适合的评分周期。例如，签署传承家风家训、尊老爱亲等承诺书的执行情况，每季度评定1次；房屋内配备消防器材，设置电动车室外充电设施的执行情况，每半年评定1次。

### （二）激发村民自治，搭建智慧积分平台

积极探索数字赋能，打造智慧化积分平台，建设面向村民的积分制小程序、面向部门的电脑端审核平台及接入城运中心的积分治理系统，确保积分有标准、评分有依据、治理有抓手。

**1. 以数字积分为引擎，推动全村全员参与**

鼓励全村所有家庭人员使用手机端积分制小程序参与乡村治理各项事务，用好用活积分这个激励手段，努力实现"一人带动一家、一家带动一组、一组带动一村"。在家庭中，充分调动老年人参与乡村治理积分制的热情，以老促小、带动更多年轻人使用小程序；充分利用年轻人使用数字技术的便捷性，以小带老、帮助更多老年人体验数字技术的便利。在村组中，村民可以实时查看自家得分情况和积分流转记录，了解在组内和村内的排名。通过公开积分排名，营造比学赶超的火热氛围。

**2. 以自主申报为基础，强化村民自我管理**

以户为单位进行线上积分申报，村民进入小程序后，针对不同事项的具体要求和评分特点差异，以公约制、承诺制、审核制3种方式申报积分。公约制，即村民开展线上阅读，点击同意村规民约等知晓类事项，即可获得积分。承诺制，即村民点击同意并承诺遵守，且在后续约定时间内未出现违背承诺的情况，即可获得相应积分。例如，承诺及时准确登销租户信息、不私拉乱接电线、不违规使用液化气瓶、无群租现象等。审核制，即由村民个人或村委会上传遵守规范、获奖评优等相关证明材料的电子版，审核通过后可获得相应积分。例如，接种疫苗可上传相应证明、获评优秀志愿者荣誉称号可上传证书等。通过"网上承诺—长期实践—获得积分"的规范流程，调动村民的主观能动性，推动村规民约不断转化为村民的自觉行动。

**3. 以互联互通为契机，提升乡村治理效能**

将乡村治理积分制纳入城运中心应用场景，使数据应用更便捷、高效。一是简化积分申报审批流程。"让数据多跑路，百姓少跑腿"，村民在家即可申报、查询、兑换积分，为村民提供方便、为基层减负、为政府赋能。二是实时汇总分析积分推进情况。根据各村、组、户积分数量生成热力图、分析图等，以可视化方式直观了解乡村治理的效果和村民的参与程度，实现村民自主申报、相关部门核定情况、后台系统整合分析的数字治理闭环。三是共享全镇乡村治理事项数据。与"一网统管"基础信息实时互通，全面、动态、直观地展示乡村治理成效，为政府提供管理决策支持。例如，系统收集家庭安装灭火器信息，实时传输给分管部门，助力全镇开展火灾防范工作。

### （三）强化制度保障，夯实基层党建引领

**1. 组织领导层面**

进一步完善镇、村两级乡村治理工作领导小组和联席会议制度，组建各村积分制工作推进专班、各组积分制工作推进小分队，形成"镇—村—组"三级联动保障机制，统筹实施、有序推进。

**2. 前期筹备环节**

组建"组长＋村联络干部＋志愿者＋积分达人"构成的积分制工作推进小分队，深入每个村开展调研，组织村民代表和村干部参与、交流、讨论乡村治理中的重点和难点问题，充分听取村民对于乡村治理积分制的意见建议。

**3. 宣传发动环节**

由积分制工作推进小分队逐户登门讲解，对于老年人等重点人群进行专门辅导；结合"家门口"服务，增设积分制使用指导窗口，提供指导5000余次，上门服务1.1万余次。

**4. 积分评定环节**

由村"两委"班子、专职干部组成村积分制工作推进专班，确保党组织在积分内容、评价方式、结果运用等各个环节进行严格公正把关。通过村经办人、村负责人、镇职能部门三级审核制度，强化积分审核公平性，每季度将积分汇总表在村公示栏公示，确保积分公开性。

航头镇积分制工作开展以来，村民参与热情高涨，截至2021年底，全镇1万余户农村家庭中已有9971户被纳入积分平台系统，村民自治主动性提高，主动上线率超过95%。随着积分制工作的不断推进，各村治理成效显著。例如，美丽庭院建设实现在全镇263个队（组）全覆盖，一次性通过农村环境综合管理区级考核，村民文明水平逐步提升，红白喜事文明承诺书签约率达到97%，主动参与犬类疫苗接种率提高至80%；乡村秩序安全稳定，主动配备家庭灭火器552个，安装室外充电设施429个，1888户出租屋主动报备、租房信息登销及时准确。

## 四、浙江省衢州市："县乡一体、条抓块统"提升治理效能

衢州市作为浙江省"县乡一体、条抓块统"改革试点先行市，通过重构县乡权责关系、推进事项集成联办、下沉资源力量、优化平台建设，有效破解权责匹配难、资源下沉难、县乡协同难等问题，全力打造乡村治理现代化的衢州样板。

衢州市位于浙江省西部、钱塘江源头、浙闽赣皖四省边际，市域面积8844平方千米，辖1482个行政村。为解决县乡间权责不清、联动不畅等长期影响乡村治理效能的问题，衢州市按照浙江省委的部署，开展"县乡一体、条抓块统"全市域综合试点，全方位推进职能部门赋能基层、放权基层、服务基层，明确县乡权责界面，把乡（镇）做大做强，提高对资源、平台、队伍的统筹协同能力，构建乡村治理共同体，形成上下贯通的县域整体治理格局，全面激发乡村治理新活力。

### （一）推进基层职能重塑，重构县乡权责关系

立足破解县乡条块割裂、职责界面不清、责任相互"甩锅"等顽疾，以扁平高效管理为落脚点，推进基层组织架构重塑，确保职能理顺、边界厘清、关系理畅。

**1. 创新镇街分类管理模式**

根据规模、区位、产业等因素，将全市103个乡（镇、街道）分成经济型、生态型、复合型、城区型、城郊型五大类进行管理，并根据不同类型的功能定位、职责职能和发展重点，建立差异化的政策资源调配机制和工作目标考核机制，推动乡（镇）特色发展、差异发展。

**2. 推行基层模块化运行机制**

推进乡（镇）功能业务相近、职责职能相同、任务内容相似的机构和岗位有机融合，构建党建统领、经济生态、平安法治、公共服务四大平台模块，形成"1个综合信息指挥室＋4个模块"运行架构。高位"瘦身"精简内设机构，将乡（镇、街道）内设机构"一对一"或"多对一"嵌入模块，建立起模块与机构、机构与岗位、岗位与职责相匹配、相融合、相衔接的高效运行机制，实现乡镇工作从"单兵作战"向"兵团作战"升级，乡（镇）功

能从"条块分割"向"扁平高效"过渡。市域内各县（市、区）优化机构综合设置，明晰匹配模块运行路径，精简行政内设机构比例达18.1%。

**3. 构建县乡权责一致体系**

建立健全权责清单、政务服务清单、属地管理事项责任清单"三张清单"，依单履职、依单管理、依单问责，编制乡（镇、街道）清单事项办事指南及流程图，并纳入浙江政务服务网运行，实现基层"清单之外无事项、列明之外无责任"。

### （二）推进事项集成联办，构建协同联动格局

以"事项"为切入点、以"事件"为着力点，立足流程再造、程序再优、效率再高，推进高频次、高权重、高需求和跨层级、跨部门、跨系统的事项集成为"一件事"，实现"一次办、高效办"。

**1. 迭代"一件事"集成联办**

激活"任务分解深下去、综合集成升上来"的"V"字形运行思路，拆解"一件事"事项处置的最基本环节，梳理人、事匹配事项清单，从"高效处置一件事"转变为"高效处置一类事"。强化基层治理领域农民建房服务监管、欠薪处置等17件"一件事"实战运行。

**2. 拓展"一件事"应用范畴**

动态调整"一件事"清单目录，按照"党建统领、经济生态、平安法治、公共服务"4大类，梳理初信初访、产业工人培训、农业龙头企业培育等"一件事"，拓展延伸经济社会发展全领域。迭代升级基层治理"一件事"系统，构建自助分析和预警系统，打通"一件事"系统与党建统领、经济生态、平安法治、公共服务等线上系统运行渠道，推进部门和乡镇"限时响应"，实现"乡呼县应"。农民建房服务监管"一件事"上线后，建房审批时间由原来的90天缩短至7～17天。

### （三）推进资源力量下沉，增强镇街统筹能力

通过事权下放、人员下沉，让"条"上的资源沉下去，"块"上的力量统起来，全面增强基层主动权、主导权。

**1. 以"大综合一体化"改革为契机推动事项人员全下沉**

开展"1+5"（综合执法和市场监管、生态环境、交通运输、卫生健

康、应急管理）行政执法改革，推动执法制度重塑、流程再造、效能提升，全面打造"事权下放、力量下沉、执法综合、监管融合"新格局，提升乡（镇）统筹协调能力和综合管理能力。率先开展乡（镇）"一支队伍管执法"改革，以重点乡（镇）为"1"、周边乡镇为"X"，创新"1 + X"执法模式。截至2022年底，全市35个中心乡镇建立了综合行政执法队，42%的综合执法事项下放一线，81%的综合执法力量下沉一线。

**2. 以"一下沉、五统筹"基层管理体制改革为契机推动机构编制全下沉**

围绕破解机构编制"一核定终身"的问题，开展基层管理体制改革，推动市县部门人员编制纵向下沉，统筹乡（镇）人员编制与街道人员编制、行政人员编制与事业人员编制、乡（镇）人员编制与部门派驻站所人员编制、乡（镇）中层股级职数及编外用工使用，统筹核减收回职能弱化或工作任务不足部门的编制，真刀真枪推进编制资源向下倾斜，破解乡（镇）事多编少、有责无人等问题。截至2022年底，全市共下沉行政编制159名，事业编制567名，乡（镇）行政编制占比41.9%，事业编制占比21.3%，确保"基层事情基层办、基层事情有人办"。

**3. 以推行基层干部"四权管理""四维考评"办法为契机推动管理考评全下沉**

实行派驻乡（镇）机构编制、人员"双锁定"办法，将全市1460名部门派驻干部与5400名乡（镇）干部全部纳入平台模块进行一体管理、一体使用，同时赋予乡（镇）对派驻干部的指挥协调权、考核管理权、推荐提名权、反向否决权等"四权管理"。改革进行以来，全市各乡镇否决退回派驻干部12人。

创新基层干部"岗位赋分、模块评分、组团积分、专项计分"的"四维考评"机制，打破条块割裂、身份标签、平均主义，通过四维分析"定分值"、双向选岗"优配置"、量化积分"强绩效"，实现"干多干少不一样、干好干坏不一样、干与不干不一样"。

### （四）优化三级平台建设，搭建整体指挥体系

围绕"一中心一指挥室一网格"迭代升级，探索建设力量集成、数字赋能、功能集约的县、乡、村一体联动指挥体系。

**1. 建立县级社会治理中心**

实行县委主导、中心主抓、部门协同运行模式，成立县级基层治理委员会（领导小组），作为县委议事协调机构，推进基层治理体系建设和基层治理的统筹、协调、管理等工作。县级基层治理委员会配套设立县级社会治理中心，为县委、县政府直属正科级事业单位。例如，衢江区强化社会治理中心的运行管理，设18个接待窗口和19个接待功能室，采用"常驻＋轮驻＋随驻"治理模式，整合社会矛盾纠纷调处化解中心、12309检察服务中心等13个工作平台成建制入驻；县纪委监委、县公安局、县妇联等部门和各种社会力量采取轮驻、随叫随驻相结合的方式入驻中心。建立新进公务员及事业单位人员到社会治理中心进行为期2个月的岗前业务培训锻炼机制。

**2. 迭代乡镇综合信息指挥室**

综合信息指挥室与乡镇党建办合署办公，乡镇党委书记兼任指挥室主任，负责综合指挥调度、分析研判等工作。综合信息指挥室对上做好与县级社会治理中心的汇报沟通、协调对接，对下负责村社全科网格的管理、考核、培训、指导等工作，实现"基层治理四平台"高效协同，形成事件受理交办、处置反馈、督办考核工作闭环。科学设置岗位，配备专门力量，强化人员24小时全天候值班制度，原则上中心镇设置4~6个岗位，一般乡（镇）设置3~4个岗位。

**3. 深化村社网格建设**

网格员负责发现和上报社会治理事件，按照"分级负责、协同处置"的原则，实行网格事件报办分离。设立"微网格"治理单元，构建全面覆盖的网格化管理体系，全市每300~500户居民配备1名专职网格员，做到全覆盖、无死角，将"微网格"落在单元内，形成"组织在网格中建立、干部在网格中服务、活动在网格中开展、矛盾在网格中化解"的"微治理"工作模式。

## （五）推进两大体系贯通，提升智慧治理水平

通过数字化改革"162"体系（"1"指一体化智能化公共数据平台；"6"指党政机关整体智治、数字政府、数字经济、数字社会、数字法治、数字文化6个综合应用；"2"指数字化改革的理论体系和制度规范体系）和基层治理"141"体系（"1"指县级社会治理中心；"4"指"基层治理四平

台";"1"指村社网格）衔接贯通，让六大系统能力在基层治理系统集成，探索构建基层治理"大脑"。

**1. 优化贯通路径模式**

坚持数据同源、模型同构、全市统筹，一体建设县、乡和村（社区）网格三级工作界面，使"141"体系自身在衢州贯通融通，分类型分模块分层级承接"162"。例如，将县级社会治理中心作为任务下行与事件上行的交互枢纽、信息研判和资源统筹的指挥中心，打造"162"体系在基层贯通的核心枢纽。

推动分层分类贯通，将贯通应用任务分为逐级分拨、定级下发、全级下发三大类，确保贯通工作分层有序。例如，以一体化、智能化公共数据平台为支撑，通过业务协同和数据共享服务网关，按照界面集成、接口集成两种模式，实现省级重大应用与衢州基层治理综合应用的技术贯通，推动以事件为基础的基层治理标准化、智能化、一体化。

**2. 加快建设基层治理"大脑"**

坚持省市联建，初步形成基层治理"大脑"建设方案，着重建设全域感知、综合集成、赋能支撑三大能力域，由市级统筹建设通用和核心能力，区县做好集成对接和场景应用落地运行。打造"一屏两端"，优化基层治理综合应用功能，打通综合应用平台与用户体系，让用户可在"基层治理四平台"一次登录访问、全贯通应用。其中，"大脑"的大屏端围绕"基层治理四平台"、共同富裕场景、基层治理指数等核心要素，做到一屏统揽，满足党委政府的需求。PC端依托基层治理综合应用，推动"基层治理四平台"业务梳理和界面升级。移动端包括治理侧和服务侧，治理侧融合掌上指挥和掌上基层，迭代形成掌上治理；服务侧融合邻礼通、村情通、政企通，打造衢州通。

# 第八章 | 新型农村社区治理

随着我国城镇化的快速发展，越来越多的自然村庄被拆除，农民被安置到城镇或乡村的规划点集中居住，单村改建、整村合并、多村融合形成了新型农村社区。这些新型农村社区既兼具"城乡特色"，又区别于传统的行政村和城市社区，有其自身的特点和发展规律。

从传统农村社区到新型农村社区，不仅是社区物理形态和聚居形态的重大变化，而且包含着新的生产生活关系调整，由此产生了用传统乡村治理方法和城市社区治理方法难以解决的问题，给乡村治理带来新的挑战。加强新型农村社区治理、提升新型农村社区治理水平，直接关系到集中居住居民的幸福感和满意度，关系到乡村振兴战略目标的实现。新型农村社区治理已成为理论研究的热点和实践中亟须探索解决的重要问题。

## 第一节　新型农村社区与新型农村社区治理

在我国经济处于转型发展阶段的时代背景下，我国高度重视农村经济社会现代化转型发展。在这个环节中，新型农村社区作为一种全新的组织形式，能够有效推动我国乡村振兴战略的实施。新型农村社区既不同于传统农村社区，也不同于城市社区，因此，新型农村社区治理既不能重走传统自然村落的老路，也不能完全照搬城市社区的治理方法，必须有与之相适应的新治理模式。因此，治理转型成为当前新型农村社区亟待解决的问题。

### 一、新型农村社区

社区是居住在一个地区，在生产生活中建立联系的社会组织或某一个团体，是社会有机体的基本组成部分。按照区域划分，社区可分为城市社区和农村社区。

新型农村社区是在政府领导下，经过科学合理的规划，以居民需求为主导的新型社会生活共同体。新型农村社区打破了以往村庄的限制，将村域合并，通过重新规划，建立起统一的住房，配置公共的配套服务设施，组成新的生产生活方式，构建一种新的居住生活共同体。新型农村社区建设往往以城乡建设用地需求和乡村治理便利性为动力而开展，同时考虑农民居住条件的改善需求。

## 二、新型农村社区的特点

新型农村社区既不同于传统农村社区，也不同于城市社区，其本质上是在传统村落空间解构基础上的重构，是一种新的社会生活形态。与传统农村相比，新型农村社区无论是在社区管理、村民的生活方式，还是在产业规划等方面，都存在一定的不同之处。新型农村社区具有以下五个方面的特点。

在社区人口和规模上，新型农村社区多是在科学规划的基础上，将村落整合形成复合型的社区，社区规模一般较大，承载人口密度较集中。

在社区设施与服务上，新型农村社区公共服务设施较为完善，公共服务水平逐步提高。在水、电、路、教育、医疗、卫生等大部分资源投资要素方面，新型农村社区虽然与城市社区有一些差距，但同以往的行政村相比，已经提高了很多。此外，新型农村社区在就业、社会保障等方面也逐渐完善，各方面的发展可以满足社区居民的生产生活需求。

在治理主体上，新型农村社区在以往的基层自治组织、基层党组织的基础上，建设社区服务中心，引导社区组织和居民积极参与，共建多元治理格局。新型农村社区治理主体由多个组织构成，除了以往传统农村社区的村"两委"成员，还有合作社、村民自治组织、一些非营利性的社区组织等，开创了多元治理格局，保证了新型农村社区的健康发展。

在居民生产生活的方式上，居民不再局限于传统的农业生产，而是积极发展其他产业，出现了多产业发展的新局面；新型农村社区更具开放性，不同于传统的血缘、亲缘型，开始逐步转化为地缘、业缘型，突破了传统社区自给自足、管理闭塞的困境，与外界的交流互通也更加频繁；新型农村社区的人口流动性相对增大，居民构成多元化，农村人口不再局限于本乡本土，还包含社区居民和非社区居民，由农民、工人、社会服务者等多种成分构成。

在社区居住环境上，新型农村社区建设较为集中，居住区内大都成立了物业管理公司，物业管理人员对社区环境进行常态化治理，同时居民积极参与，并管理好自己的宅前屋后，使社区环境得到进一步改善。

总之，通过农村新型社区建设，村民摆脱了原有受制于自然条件居住的困境，自然村村民过渡为农村社区居民。新型农村社区从根本上改变了农村生产生活方式，对推动农村集体经济发展、优化农村产业结构、集约土地资源、提高农业化作业效率、实现规模化经营具有重大意义，有利于逐渐破除城乡二元结构、推进城市化进程。

## 三、新型农村社区治理主体及角色定位

### （一）社区党组织

新型农村社区党委（支部）作为党在社区的基层组织，是党在社区一切工作的战斗堡垒，是农村社区改革稳定发展的坚强政治和组织保证。

社区党组织是政治指导者，通过对社区的监督，确保社区享有民主权利，提升社区居民的自治意识。通过建立和完善"村民代表会议制度""村务民主决策制度"等多种形式的制度，形成在社区党组织领导下充满活力的民主治理机制，为社区自治提供重要保障。

社区党组织是思想引导者，是社区治理中宣传和执行党中央及上级组织的政策、决议的执行者，确保党和国家的路线方针和政策在社区中全面落实。同时，它承担着对党员进行思想政治教育工作，充分发挥党员的先锋模范作用，广泛团结社区群众参与社区各项事务。

社区党组织是统筹协调者，为参与社区治理的各类组织构建交流平台，促进他们之间的沟通协调。

社区党组织是矛盾调解者，通过社区党员积极了解社区群众的矛盾冲突和利益诉求，并及时进行疏导和沟通，协调和处理社区内的各种利益、矛盾，凝聚民心，实现社区居民和谐共处。

## （二）乡镇政府

乡镇政府是国家政权和农村基层的衔接者，是新型农村社区规划、建设、治理最重要的推动力量，同时肩负着为新型农村社区提供公共基础设施、公共产品和公共服务的任务。乡镇政府是新型农村社区的规划引领者，新型农村社区的建设离不开乡镇政府的战略性规划、组织和协调，新型农村社区的治理更加离不开乡镇政府的参与。

乡镇政府是社区公共服务的提供者，乡镇政府作为推进国家治理体系和治理能力现代化的重要主体，承担着提供公共服务的职能，通过整合多方力量和资源，推动新型农村社区公共服务体系建设，不断提高社区居民的生活水平。

乡镇政府是新型农村社区制度的设计者，在推动新型农村社区发展中发挥了重要作用，培育和监督社区自治组织，大力支持社会组织参与社区治理，培育社区居民，通过政社分开、权力和服务下沉等方式，提高居民的自治能力，促进社区的有效治理。

## （三）社区居民委员会

在新型农村社区中，一般按照2000～3000户的标准设立社区居民委员会，对社区各项事务进行管理，为居民提供公共服务。

社区居民委员会是居民利益的维护者，由社区居民选举产生，代表了社区内居民的利益和诉求，有责任及义务向政府部门反映居民的建议、意见和合理诉求，通过自下而上传达信息和上下沟通，实现维护社区居民利益的目的。

社区居民委员会是宣传教育者，有定期对社区居民进行思想教育的义务，通过宣传宪法、法律法规和相关涉农政策来对社区居民进行宣传教育，提高社区居民的自治意识、公共事务参与意识、民主意识和法律意识。

社区居民委员会是社区服务者，不仅要对社区的公共事务进行管理，对社区居民进行适当的思想教育，还要树立服务意识，为居民提供公共服务，包括社保、教育、医疗卫生、就业、法律咨询等服务，以及开展各种各样的文化活动。

社区居民委员会是纠纷、矛盾的协调者，协调新型农村社区各治理主体间的关系，调解化解邻里之间的冲突、矛盾。

### （四）社区居民

农民群众既是新型农村社区的居住者，又是进行社区治理和城乡统筹的核心力量。

社区居民是社区各项事务的治理主体，参与社区各项制度（如社区居民共同遵守的规章、行为准则、村规民约等）的制定和实施，通过村民会议、村民代表会议，参与村民委员会成员的选举。

社区居民是社区事务实施的监督者，对社区政务、财务公开是否全面、真实，公开时间是否及时，以及社区工作人员的工作效率、工作态度、作风问题等进行监督。

### （五）物业公司

在原行政村，村集体直接在国家的资助下完成村庄基础设施的建设和维护。到新型农村社区后，村民面对很多新的事务和问题。为解决这些问题，大多数新型农村社区仿照城市商品化小区的管理模式，引进或组建"物业公司"这一主体参与社区治理。

物业公司是社区保洁员，对新型农村社区的环境进行管理，重点是保持社区的绿化、亮化、硬化，以提供良好的人居环境。

物业公司是安全管理员，采取各种措施，保障社区居民的人身安全和财产安全，对新型农村社区的治安、消防安全等进行管理。

物业公司是社区公共事务参与者，扮演了一个不可替代的社区治理者的角色，协助社区居民委员会和乡镇政府实行网格化社会管理，在所管物业范围内开展社会调查、各类普查、政务宣传、治安联防等方面的工作。

### （六）社会组织

对于新型农村社区来说，社会组织作为社区治理的新生主体，在新型农村社区治理过程中扮演着重要角色。

社会组织是政府购买服务的承接者，通过承接政府购买服务项目，发挥自身专业化能力，参与社区公共事务的管理并提供公共产品和服务，以此提高新型农村社区公共服务的质量和效率，发现社区居民对某项公共服务的需求，及时向政府反馈，提出公共服务供给方案，促进公共服务供求的有效对接。

社会组织是新型农村社区治理者，在参与社区治理、反映利益诉求、化解社区居民间矛盾、环境保护、应急救援等方面开展富有成效的工作，在一定程度上能够弥补政府和市场机制的不足，进而为推动建立共建共治共享的治理格局做出贡献。

社会组织是社区公共精神的塑造者，具有非营利性、自发性、群体性等特征，在无形中为新型农村社区居民搭建了社交平台和施展才华的舞台，满足了群众精神文化生活的需求。

# 第二节　新型农村社区治理存在的问题

我国新型农村社区治理的整体进程还处于探索之中，同时鉴于新型农村社区治理的复杂性及不同地区治理发展的差异性，其在治理实践中存在许多亟待解决的问题。

## 一、村"两委"组织缺乏磨合，职能转变不到位

建设新型农村社区是为了更好地适应经济发展的新常态。新型农村社区建设中，社区组织需要将自身的作用与职责发挥出来。新型农村社区"两委"组织重新整合后，一方面，新社区"两委"组织面临着全新的治理环境，班子成员之间需要在工作关系、方式、方法等方面进行磨合，因此会在一定阶段内出现组织活动弱化的情况。例如，合村并居后，之前各村的领导人员组成新的"两委"，彼此之间磨合度不高。另一方面，在实际工作中，村"两委"工作人员大部分时间忙于应对上级检查和基层政府分配的任务，"两委"组织活动弱化，特别是合并办公规模扩大后工作流程趋于行政化。建成新型农村社区后，原有的村民委员会被社区居民委员会所替代，但多数改组后的居民委员会依旧沿用传统村民委员会的模式与职能，没有将行政职能转向服务职能。

## 二、村规民约认可度降低，集体归属感降低

新型农村社区的建立后，社区原组成村庄的文化影响力逐渐减弱，文化融合需要一段时间，新的文化氛围还没有形成。同时，居民来源的复杂化使得社区从一个"熟人社会"变成"半熟人社会"或"陌生人社会"，使社区居民对乡规民约的认可度降低。此外，原有的血缘关系和地缘关系被打破，居民之间的人际交往模式在向城市化转变，居民之间联系减少，邻里之间感情变淡。在这样的环境下，居民对于集体事务的热情逐渐削减，对集体的认同感和归属感也逐渐降低，不利于社区凝聚力和集体精神的形成。

## 三、居民参政热情不高，多元参与尚未形成

社区居民对社区认同感、归属感下降，向心力也不强，对集体事务的关心程度也随之下降，缺乏参与意愿和兴趣。社区居民依旧习惯于在关乎切身利益的事情时，才去找村民委员会解决，主动参与社区治理的积极性、主动性不强。一些居民对社区事务不了解，缺乏参与渠道，降低了居民参与社区治理的积极性。年轻一代村民外流，留守村民参与社区治理的能力不足，中老年村民思想理念更加固于陈旧，不愿做出改变，在接受新的事物、学习新的知识上更加困难。

在整个社会治理体系中，社会组织在公共服务与社会管理领域内填补政府与市场之间空白领域的作为不可忽视。新型农村社区的社会组织较少，发展也不够成熟。农村社区治理中缺乏各种非营利组织、集体经济组织和各种民间组织的参与。

## 四、社区基础设施落后，资金投入不足

相比于城市，我国新型农村社区基础设施还较为落后，新型农村社区建设起步晚、起点低、底子薄，因政策环境、资金保障等条件因素的限制，投入建设的专项资金同具体需求相比依旧有很大的不足。其在社区养老服务、医疗卫生、垃圾收集处理等现代生活设施的建设和运行方面还比较欠缺，不能有效满足当前新型农村社区群众的多样化需求。

## 五、健康向上的社区文化不足

一些农村社区中的文化单调乏味，且文化设施与活动场所相对滞后，加之社区文艺人员不足，从而导致不能积极引导与宣传积极健康的社区文化。业余时间，一些农民以打牌为主，缺乏积极的文化氛围，部分社区的文化工作始终是自发状态的，完全依靠一些有文艺爱好的热心居民加以维持，严重缺乏社区文化管理队伍与服务团队，经验丰富且懂文艺的社区文化工作人员极其短缺。

# 第三节　加强新型农村社区治理的对策

新型农村社区是我国农业农村现代化进程中的特有形态，有自身的发展规律和运行机制。在新型农村社区治理过程中，既不能完全沿用传统乡村治理的制度安排，也不能简单套用城市社区治理的思路，应在深刻认识其本质特点和充分借鉴现有实践经验的基础上，以社区居民的实际需求为导向，充分发挥传统乡村治理和城市社区治理的优势，重构治理主体，创新社区治理机制，提升治理能力，最终实现新型农村社区治理转型。

## 一、充分发挥新型农村社区基层党组织领导核心作用

基层党组织是党的全部工作和战斗力的基础，是引领基层治理最直接、最基本、最有效的力量。

第一，要加强基层党组织的核心带头作用，积极发动倡导社会组织、社会企业、社区居民加入到社区治理的实际工作，提高基层社区的治理水平。

第二，要对新社区党委下设组织进行完善优化，整合新型社区各类资源，根据实际情况，统筹设立"法律服务团""乡绅评议团"等组织机构，让村务工作领导小组、村务监督工作领导小组等健全机制、理顺职能。

第三，要充分发挥党员先锋模范作用。党员应以身作则，在各项工作和活动中冲在最前面，给居民做出表率。对于居民工作、生活中面临的困难，要主动帮助解决；当居民正当权益受损时，要积极维护居民的利益。

第四，要建立健全的问责机制，有效避免合村并居后，在治理过程中出现相互推诿扯皮的情况，促使各部门各司其职，提高工作效率。

第五，要加强对社区居民委员会干部的培训工作，定期邀请专家、教授做讲座，开阔社区干部的视野，提高社区干部的职业技能。

第六，要拓宽社区干部选拔通道，鼓励社会优秀人员进入社区工作，尤其是回乡大学生，为基层党组织注入年轻血液，从而打造一支有能力、有素质、有担当的社区工作者队伍。

## 二、激发社区居民的主体意识，积极参与社区治理

社区群众不仅是社区治理的对象，也是社区治理参与的主体，更是新型农村社区建设的核心力量。因此，在社区治理过程中，必须积极倡导社区居民参与治理，培养新型农村社区居民的认同感和归属感。居民对社区的认同感、归属感是居民参与社区治理的内驱力。社区"两委"可以采取宣传措施实现对居民的精神引领，如通过喇叭广播、悬挂条幅等方式，使社区居民能够了解社区的良好发展给自身带来的益处，了解居民和社区的共同目标和共同利益，积极鼓励社区居民参与到社区治理过程。

新型农村社区建设要将村民代表大会落到实处，提高居民的主体意识，提升决策的民主性、科学性，推动相关决策、项目的顺利实施。首先，扎实开展以村（居）民小组、自然村等为单元的自治试点，有效缩小自治半径，推动治理重心、管理、服务、资源进一步下移，增强居民自我管理、自我教育、自我服务意识。其次，组建老党员、老干部、村民代表等参与的村民议事会，丰富居民议事协商形式，围绕民生实事和社区治理中的热点难点问题，常态化开展议事协商活动，有效维护群众切身利益。

## 三、培育多元参与主体，形成多元参与格局

健全"党委领导、政府负责、社会协同、公众参与"的多元参与机制。新型农村社区治理的参与主体不仅包括基层党组织、乡镇政府、农村社区（村民委员会），还包括村民、社会组织、基层群团组织等。因此，要不断壮大居民自治委员会、社区协商委员会、居民理事会、乡贤议事会、红白理事会、文化活动和志愿服务等队伍，探寻居民意愿和要求的最大公约数；要充分发挥乡贤在农村社区中的"调解员""联络员""引导员"作用，化解新型

农村社区治理中的矛盾纠纷，搭建民生桥梁，促进移风易俗等；要大力推进社区组织建设，通过开展社区组织活动，加强居民间的互动交流，使居民在增进信任的同时，增强对社区的认同感。

## 四、健全新型农村社区公共服务体系，缩小城乡差距

政府应积极通过推进综合性服务设施的建设、改善社区卫生条件、对陈旧设施进行改造、加强专业人员培训等途径，为居民提供医护保障。首先，要在完善农村社区公共服务设施的基础上，提升新型农村社区的公共服务水平。广大农民群众对于生产生活服务的需求，既有传统农业耕作生产的基本性要求，也有生活环境改善后的个性化、多元化需要。推进新型农村社区治理，须以农民切身利益为出发点，充分考虑其生活习惯、现实需求等因素，为其提供更加精细、务实、便捷的服务。其次，要建立并完善社区公共服务中心，积极收集民情民意，及时满足农村社区居民的需求，为社区居民排忧解难，维护社区的和谐发展。最后，要推动行政办事一体化流程，尽可能实现一个窗口办理所有业务，简化办事流程，提供便捷服务。

## 五、延伸产业链条，完善村规民约

在新型农村社区治理中，要推动物质文明与精神文明协调发展。一方面，提升新型农村社区治理水平，延伸产业链条是支撑。人因产业聚，没有产业配套，新型农村社区就会面临人口流失，出现空心化现象。因此，要通过基层党组织整合资源要素，依托地方特色优势和禀赋特点，完善产业发展规划，推动项目、资源向新型农村社区周边聚集，不断完善新型农村社区产业配套，引导群众就近创业就业，让群众在家门口有活干、有钱赚，真正让农民搬进来、留下来、富起来。另一方面，重塑村规民约，建设乡风文明。通过村民代表大会广泛征求居民意见、吸收之前每个村庄符合实际的民俗约定及听取社区内新乡贤的建议，并在法律规定的框架内进行整合，公示征求意见，形成符合当地社区实际的村规民约。

## 六、推进"互联网＋"治理模式，提高数字化治理水平

加强数字化赋能新型农村社区治理，推进"互联网＋"治理模式，助推治理效能提升。首先，通过教育培训、引进等方式尽快培育信息化网络技术

人员，社区的信息化管理能力。其次，结合群众实际需求，整合不同部门资源及"微信群""社区通""云上家园"等分散的线上平台，建立社区治理综合数据服务平台，加强对群众信息的采集与分类整理，提高数据精细化水平，帮助社区工作者进行信息建档及后续服务；加强多元治理主体间的信息共享和互通，减少资源浪费，提升社区智慧化程度，推动建立以党的建设、民生工程、社会治理、平安建设等为一体的政务服务管理系统；通过设立系统引导、智能评价、自动反馈等功能模块，积极为社区群众提供便捷、畅通的"点单"服务诉求渠道，对群众需求做精准识别，更好地解决社区居民最直接、最现实的问题。

# 第九章 | 荣成市乡村治理典型创新实践与工作亮点

## 第一节 "信用 + 志愿"模式助推乡村善治

诚信建设和志愿服务都是衡量社会文明程度和治理效能的重要标志，也是提升乡风文明、助推乡村善治的有效载体。中共中央办公厅、国务院办公厅印发的《关于加强和改进乡村治理的指导意见》中提出，"完善乡村信用体系，增强农民群众诚信意识。推动农村学雷锋志愿服务制度化常态化"。为完善农村诚信建设长效机制、破解乡村社会治理难题，山东省荣成市立足自身发展优势，创新探索"信用 + 志愿"模式，有效占领农村思想阵地，调动广大农民的积极性和主动性，用最小成本撬动了最大治理效应，激发了乡村振兴新活力。

### 一、"信用 + 志愿"模式形成的背景和基础

#### （一）破解乡村治理难题的现实需要

"治理有效"是乡村振兴战略的一项重要任务。新形势下，荣成市乡村与全国大多数农村一样面临系列治理难题。一是村民理想信念缺失、政治意识淡薄，部分群众精神迷茫、思想困惑，封建迷信、陈规陋习沉渣泛起。二是农民对村民自治、农村管理的参与度不高，对村务决策、管理和监督工作的关心程度低，很多工作往往是"干部在干，群众在看"。三是随着城市化进程的加快，不少村庄空心化、人口老龄化加剧，党组织缺乏凝聚力，民主管理弱化，公共服务能力较差。由此，破解乡村现实难题成为创新"信用 +

志愿"模式的内生驱动力。

### （二）具有深厚的传统文化根基

信用建设和志愿服务分别对应儒家文化中的"信"和"仁"。"信"意为诚实、讲信用，是中华民族公认的价值标准和基本美德。"仁"是儒家思想体系的核心，表现为"泛爱众"，在社会交往中坚持"爱人"的价值取向、互爱互助，这也是当代志愿服务思想的源泉和精神内核。"信"与"仁"相互联系、相互促进。"仁"是"信"的初始，只有具备一颗仁德之心，才能对他人以诚相待；"信"是"仁"的外在表现，相互信任和真诚待人是"仁"的一种体现。仁与信并行、志愿与信用融合，既能提升志愿服务品质，又让诚信有了价值，有助于增加人与人之间的互信，增强社会凝聚力。

### （三）拥有坚实的实践基础

信用建设和志愿服务是荣成市的两张城市名片。

**1. 信用建设方面**

2012年，荣成市在全国县域范围内率先启动社会信用建设，并建立起覆盖全部信用主体、所有信用信息类别、全市所有区域和信用产品应用最为广泛的社会征信体系，形成了运转有序、结构完善的信用管理模式。多年来，在县域社会征信体系建设和信用应用管理工作上，荣成市一直走在山东省乃至全国前列，率先在山东省建成社会信用体系。2018年，荣成市成为全国首批12个社会信用体系建设示范城市，社会信用指数连续4年位居全国387个县级市首位。

**2. 志愿服务方面**

2016年，荣成市成立了山东省首家县级志愿服务指导中心，对全市志愿服务活动进行统一管理；同时搭建了"志愿荣成"网站，率先探索实践"互联网＋志愿服务"新模式，并在国内率先把志愿服务信息纳入个人征信管理，推动荣成志愿服务从松散型、碎片化到制度化、规范化，从星星点点到遍地开花。

这些都为创新探索"信用＋志愿"模式、助推乡村善治提供了实践基础。

## 二、"信用＋志愿"模式助推乡村善治的做法

依托信用体系建设和志愿服务已有发展基础，荣成市先行先试，探索推行"信用＋志愿"模式，从党建引领、制度融合、体系架构、激励机制、拓展应用等方面不断创新突破，推动农村信用管理与志愿服务深度融合，打造新时代的农村诚信建设和乡村治理长效机制。

### （一）强化农村党建引领，发挥党员干部带头作用

习近平总书记强调，"办好农村的事情，实现乡村振兴，关键在党"。荣成市始终注重发挥基层党组织战斗堡垒和党员先锋模范作用，强化党对农村工作的统领。

**1. 用活"红色征信"，发挥"党建＋信用"优势**

用信用抓班子，制定农村党支部和支部书记信用考评办法，把工作落实、履职尽责等15个方面都用信用积分记录下来，按月考核，其结果与支部星级评定、书记报酬发放、评先选优等直接挂钩。

用信用管党员，把信用管理全面应用于党员的日常教育管理监督，小到一言一行，大到履职尽责，都用信用管起来，信用分就是党员的"先锋模范分"，发展党员时从申请到转正每个环节都把信用评价作为依据；换届选举中，把信用等级B级以下作为"不得""不宜"情形；对信用等级低的党员及时进行处理，评级为C级及以下的党员，直接从村里转出，进行为期半年的"初心教育"，期满仍未达标者，按照不合格党员进行处置。

**2. 做实"红色志愿"，发挥"党建＋志愿"优势**

注重"党员先行、党员示范、党员带动"，通过自愿报名和组织配对的方式，让1名党员志愿者与3名普通志愿者合作，帮助1至2名困难群众（家庭），发挥党员志愿者的示范带动作用。1200多支"乡村振兴党旗红"志愿服务队常年活跃在环境整治、低保救助、森林防火第一线。服务群众、奉献社会成为党员的一种自觉，有困难找党组织、要帮忙找党员成为群众的一种习惯。

### （二）加强制度保障建设，优化数据管理平台

荣成市将农村信用建设、志愿服务两大制度进行有效融合，利用信息化

技术打造"全市一张网"的管理平台，促进"信用 + 志愿"机制在操作层面精细化落实。

**1. 推进制度融合，建立联动机制**

荣成市把制度化建设作为长远之策、根本之策，将信用管理写入村规民约，出台了《农村居民信用管理办法》《农村居民信息采集员考核和信用管理办法》，在村居设立村居信用工作领导小组，成立信用议事会，配备信息采集员，规范信用管理工作流程、信用积分结果应用。荣成市出台了《荣成市志愿者考核和信用管理办法》《荣成市农村居民信用积分评价办法》等规范文件，将志愿服务纳入个人征信管理，根据志愿者年度内不同服务时长赋予相应的个人信用分值，并按照《荣成市个人信用奖惩管理办法》的有关规定，给予联合激励措施，实现信用管理与志愿服务在制度层面的融合和互联互促。

各村居结合实际制定本村信用管理办法，逐户逐人建立"信用档案"，重点将农村群众参与理论宣讲、清洁家园、慈善捐助、扶老助残等26项志愿服务活动与个人信用挂钩，根据参与志愿服务的次数、时长赋予个人信用加分，并作为信用奖励的依据。

**2. 开发智慧平台，促进规范运行**

搭建农村信用管理信息平台，将全市28.6万名农村群众的信用情况纳入大数据管理，并接入全市信用总平台，农村居民同时接受村级和市级信用管理，享受村级、市级双重激励和优惠服务。在原有市级"志愿荣成"网站的基础上，组织专班研发了荣成市新时代文明实践中心云平台，与全市信用管理平台互联互通、数据共享，让志愿者在参加志愿服务的同时，能够智能积累诚信积分。

实行文明实践志愿服务"全市一张网"管理，制定"提前申请—审批备案—网上公示—动态发布"工作流程，采用大数据、云计算技术，实施"菜单 + 点菜 + 派单"服务，促进供需双方精准对接。

打造文明实践镇街二级管理子平台，将所辖村居志愿服务考核管理权限下放，以活跃指数等形式实时显示各镇街、村居志愿服务活动的开展情况，与考核奖罚挂钩，发挥镇街文明实践的承上启下、协调指挥作用。

### （三）完善志愿服务体系，补齐农村志愿服务短板

党的十九届五中全会提出，"健全志愿服务体系"，"畅通和规范市场主体、新社会阶层、社会工作者和志愿者等参与社会治理的途径"。荣成市整合全市各方志愿力量，打造"部门专家团队＋城区专业团队＋镇村团队"三级志愿组织体系，按照部门专家团队精准服务、城区专业团队下沉服务、镇村团队自我服务的模式，实行错位服务、全域覆盖，解决农村志愿服务"短腿"问题。

**1. 专家团队精准服务**

依托党校、司法、农业农村等市直部门，培植红宣讲、法润荣成、情系"三农"等35支专家型志愿服务队，采取"开门询单、团队亮单、群众点单、分中心下单、志愿者接单、互动评单"的模式，建立起"群众吹哨、部门报到"的服务机制。

**2. 城区专业团队下沉服务**

探索志愿服务项目化运作，引导400多支城区专业团队重心下移、资源下沉，面向广大农村开展美丽乡村、扶贫助困、助医助学等志愿服务活动。

**3. 镇村团队自我服务**

采用"1＋4＋N"模式，即每个村成立1支文明实践志愿服务队、4支志愿服务分队（党旗红、巾帼美、纾难解困、垃圾分类）、若干支各具特色的志愿服务分队，以满足群众的不同需求。以王连街道东岛刘家村为例，该村成立了红先锋、巧工匠、美厨娘等13支志愿服务分队，全村70%以上群众都是志愿者，环境卫生维护、孤寡老人照料、农机具维修等全部由志愿者承担。

### （四）创新信用激励机制，激发群众持久参与热情

完善以精神激励为主、物质奖励为辅的正向激励机制，是志愿服务深入持久开展的关键。荣成市将志愿服务纳入信用体系建设，探索出一套公开透明、行之有效、良性循环的激励回馈机制。

**1. 建立信用基金**

把村民福利调整为信用奖励，由以往的"普惠式"发放，变成依据信用积分的"差额式"发放，积分多奖励就多，积分少奖励就少甚至没有，增加

信用分在群众心里的分量。市镇村三级每年设立2000多万元信用基金，惠及人数达40多万人次。

**2. 突出荣誉激励**

建立"红灰榜"制度，对于表现突出、对乡村治理贡献大的给予"红榜"表扬，对于自私自利、损公利己的给予"灰榜"警戒，让干部群众"学有榜样"，争相赶超。每村每季度至少举行一次信用基金发放仪式，发放证书、奖品，由村支部书记、镇街干部甚至市级领导现场颁奖，让守信者有荣誉感。

**3. 成立"信用超市"**

70%的村居设立"信用超市"或"志愿银行"。志愿者参与志愿服务时长可折算成信用积分，换取数额不等的诚信券，到"信用超市"或"志愿银行"兑换生活用品或其他福利，进一步扩大信用影响力。

**4. 推出激励产品**

积极探索信用结果社会化应用，引导各部门围绕优先办理、降低门槛、简化程序、免交押金等方面推出实用性激励政策。村民信用分达到一定分值，可享受50多家部门推出的"信易贷""信易游"等200多项守信激励产品。

### （五）拓展信用应用场景，扩大志愿服务覆盖范围

习近平总书记指出，"要为志愿服务搭建更多平台，更好发挥志愿服务在社会治理中的积极作用"。荣成市推动"信用+志愿"机制深入运行，促进"信用+志愿+各领域"深度融合，满足群众多样化、个性化需求。如今，志愿服务已渗透融入思想引领、环境整治、养老服务、网格治理、合作经济、疫情防控、防汛救灾等农村生产生活方方面面，呈现"多点开花"发展态势。

**1. "信用+志愿+理论宣讲"模式**

围绕传播新思想、引领新风尚总目标，打造文明实践中心、所、站、点、户五级宣讲阵地，组建党员干部、部门专业、社会组织、夕阳红、红领巾、百姓名嘴为主体的六类宣讲团队，推动党的创新理论"飞入寻常百姓家"。

**2."信用+志愿+环境整治"模式**

对环境整治过程中的群众参与、党员带头、班子绩效都实行信用管理，短时间内调动起各层面的积极性，7个月就解决了一些历年解决不了的顽疾。

**3."信用+志愿+暖心食堂"模式**

将志愿服务与养老服务深度融合，截至2023年6月，已建成并运营514家"暖心食堂"，覆盖全市63%的村居，免费给1.6万名80周岁以上农村老人提供午餐，成为农村居家养老服务的重要载体。

**4."信用+志愿+网格治理"模式**

把网格员的选拔任用、日常表现、工作绩效与信用挂上钩，发动5.2万名志愿者成为义务网格员，平均每名网格员只需走访5~7户。网格的细化使得走访精度和频率大幅度提升，实现了"小事不出格、大事不出村、矛盾不上交"。

**5."信用+志愿+合作经济"模式**

把"耕种管收"等环节都量化成志愿项目，采取"党支部引领全局发展，志愿者认领土地网格"的模式，由志愿服务队认领分包网格，负责"耕、种、收"全程管理。

## 三、"信用+志愿"模式助推乡村善治的成效

荣成市以信用建设为抓手，依托全覆盖的农村志愿服务活动，全方位激活了农民参与乡村治理的主动性，营造了群众参与、共建共享的浓厚氛围，有效破解了乡村治理中的难点堵点问题，使广大农民真正成为乡村治理的主体、乡村振兴的受益者，农村经济社会发展活力不断迸发，群众幸福感显著增强。2019年，荣成市农村人居环境整治成效获国务院督查激励；2020年，荣成市成功入选全国新时代文明实践中心建设先行试验区、全国村庄清洁行动先进县；2021年，荣成市荣膺中国最具幸福感城市、全国美丽乡村重点县，市新时代文明实践中心被授予"全国脱贫攻坚先进集体"。

### （一）党在农村的执政根基更加巩固

"信用+志愿"模式为基层党建创新开辟了新渠道，增强了党员干部的先锋模范意识和服务群众意识，巩固了基层党组织战斗堡垒地位，在破解农村改革发展难题的同时，密切了党群干群关系，进一步夯实了党在农村的执

政基础。

**1. 党员干部带头作用充分发挥**

通过"信用＋志愿"模式，荣成市把党员干部的"德能勤绩廉"都管了起来，贯彻上级部署、规范日常行为、联系服务群众都既有"硬杠杠"，又有"软激励"，越来越多的党员干部从内心里想着为村里办实事、干好事。作为荣成市农村信用建设试点镇街，王连街道创新推行"红色信用＋双星考核"模式，党员们在志愿服务、创卫、"四清"、农村生活垃圾分类等各项工作中以身作则，争当表率，服务群众。在2019年的"四清"工作中，240多名党员主动报名拆除房前屋后乱搭乱建设施。党员带头，带动群众一个月内拆除草厦子、车库、鸡窝2600多个。

**2. 村级党组织组织动员能力增强**

村级党组织统一思想，动员和带领党员群众积极参与信用建设和志愿服务，凝聚了民心，增强了党组织的号召力、凝聚力。王连街道隋家庄村，以前村庄管理滞后，干部缺乏号召力，干群关系不和谐。自从开展信用建设和志愿服务以来，村干部的精神面貌发生了较大转变，他们主动想事干事、积极为群众办实事，党组织公信力、号召力不断提升。现在村干部说话有人听、党组织干事有人跟，群众积极参与志愿活动，参与率达到93%以上，隋家庄村也从以前的"后进村"一跃成为"先进村"。

## （二）农村社会治理效能不断提升

荣成市将"信用＋志愿"模式作为推进乡村治理体系和治理能力现代化的有效抓手，推动"党建引领、志愿带动、信用支撑、共治共享"，形成一条多方参与乡村治理的有效途径，初步构建起共建共治共享的乡村治理格局。

**1. 村庄互助服务项目不断增加**

"信用＋志愿"模式的深入运行催生了暖心食堂、利民服务社、净衣社等群众互助项目及组织，实现"村民有需求，基层有服务"，增强了群众的自治意识。例如，大力推广"暖心食堂"，利用"餐前一刻钟"，或与老人聊家常、说变化、谈政策，或为老人提供理发、缝补、维修等服务，或通过表演文艺节目、吃寿面、送蛋糕等方式为老人过生日、送节日祝福；打造"海螺姑娘"居家服务项目，将所有分散特困对象全部纳入服务范围，累计开展居家服务51万余次，服务时长58万小时，切实提升了特困老人的幸福感与获得感；一些村庄设立利民服务社，常年为村民提供农机具修理、电器维修、理发、缝纫等服务。

**2. 农民群众主体作用有效发挥**

"志愿＋信用"模式充分激发了群众参与村级治理的热情，农村志愿者注册人数超过农村总人口的1/3，基本村村都有志愿队、户户都有志愿者，让群众成了农村工作的主力军。近年来，在农村拆违、清洁家园等重点工作中，70%以上的工作量由群众志愿者完成，全市200个村居主动取消了环卫保洁员，改由志愿者承担保洁任务。疫情防控期间，荣成市村居平均每天上阵志愿者8500多人，参与路口值勤、检查测温、入户排查等工作。

**3. 基层民主协商机制不断完善**

信用与志愿互促互进，打开了基层群众参与乡村治理的通道，群众主动关心村级事务、参与村级议事协商，形成民事民议、民事民办、民事民管的多层次基层协商格局。例如，上庄镇探索开展"民情恳谈会"，推动"有事好商量"，通过民情恳谈会，村党组织与村民代表、普通村民对话协商，发现问题、解决问题、化解纠纷、达成共识。

### （三）农村社会风气持续向善向好

习近平总书记指出，"实施乡村振兴战略要物质文明和精神文明一起抓，特别要注重提升农民精神风貌"。荣成市以"信用＋志愿"模式助推新时代文明实践落地生根，凝聚起广大村民的思想共识，引领群众听党话、感党恩、跟党走，同时弘扬社会正气，传播社会正能量，提升了农民素养，促进了乡风文明。

**1. 乡村社会主流文化不断塑造**

"信用＋志愿"模式助力打通新时代文明实践"最后一公里"，通过"思想铸魂、环境改善、移风易俗、家风建设、文化惠民"等工程，打造服务百姓、凝聚民心的新时代文化阵地。志愿者深入田间地头、街头巷尾，到树荫下、炕头上，大力传播党和政府的声音，叫响了"银杏树下传习语""百姓炕头聊政策""暖心食堂颂党恩"等特色品牌，使习近平新时代中国特色社会主义思想和社会主义核心价值观深入人心。

### 2. 农民群众文化生活日益丰富

实施科技文化卫生"三下乡""百场戏曲进农村""书香荣成"系列文化惠民工程，定期组织形式多样、生动活泼的群众性文娱活动，如文艺演出、厨艺大赛、技艺大赛、趣味运动会等。人和镇院夼村的渔家大鼓、渔民号子、秧歌腰鼓，上庄镇尹家村编排的传统京剧名剧，港湾街道牧云庵社区为村民提供的书画技能培训，等等，都充分对接了群众需求，让群众乐于参与、便于参与，群众在形式多样、丰富多彩的活动中，获得了精神滋养，增强了精神力量，一度式微的农村布艺、面艺、雕刻、京剧等传统文化也借此契机重新发扬光大。

### 3. 农村社会文明程度不断攀升

组织志愿者定期开展道德讲堂和文明礼仪培训活动，涵养文明新风，将乡风文明建设融入敬老孝亲、生态文明、乡村治理工作，弘扬传统美德，推进移风易俗，倡导文明生活方式。例如，对于森林防火，以前都是机关干部看山头，如今每到清明节，漫山遍野全是穿红马甲的志愿者，除了防火，还义务引导文明祭祀。在农村垃圾分类工作中，广大志愿者除了入户宣传，还组织现场督导，全市2.3万个垃圾分类房，每天各有两名志愿者义务引导，垃圾分类合格率保持在99%以上。2019年，荣成市在山东省率先实现农村垃圾分类全覆盖。

### （四）农民共同富裕加快实现

全民要共富，乡村须振兴，促进农民农村共同富裕是必不可少的一环。荣成市通过"信用＋志愿"模式，多渠道提升农民素质技能，解决发展难题，助力村民增收致富，促进集体经济发展。

### 1. 扶智扶技，提升农民创业致富技能

顺应现代农业发展趋势，开展优质高效农业、林果无公害高产栽培技术等专题培训，培育新型职业农民；顺应农村新兴经济发展方向，开展农村电商、民宿旅游等专业技能培训，引导转型发展；顺应留守群众现实需求，开展家政服务、民俗手工艺等实用技能培训，推动群众增收。例如，东山街道港西崖村组织村民学习草编手艺，农闲时编织竹篓、草筐子售卖，每年人均增收1万元。

**2. 为农助农，解决农业生产销售难题**

整合志愿服务资源，帮助缺乏劳动力的家庭采摘、包装、销售农产品；采取义卖、直播等形式，帮助农民拓宽农产品销售渠道，助力农民致富增收。2020年，受疫情影响，埠柳镇的苹果只销售了不到两成。为解决苹果滞销问题，市文明办、扶贫办、融媒体中心等单位联合向社会发出"吃荣成苹果，助脱贫攻坚"倡议，全市社会各界纷纷伸出援手、订购苹果，仅一周的时间，助销苹果1.1万余箱100余吨。

**3. 志愿种粮，助力推动集体经济发展**

大力推行党支部领办合作社规模种粮，以志愿服务全面代替"耕种管收"人员用工，按照志愿服务时长发放信用奖，压缩经营开支。例如，人和镇邢家村成立5支志愿服务队，每支80人左右，负责土地的播种、除草、打药、收获、存储等环节，每5小时积1分信用分，每季度根据信用分高低享受福利发放信用表彰等。上庄镇大李家村依托"规模种粮＋志愿服务"，2021年种植302亩小麦和410亩玉米，实现利润42万元。

## 四、"信用＋志愿"模式助推乡村善治的经验启示

**（一）坚持党建引领、发挥党员带头作用是推动乡村善治的政治和组织保证**

党管农村工作是我们党的优良传统和政治优势。只有不断夯实基层党建基础，持续发挥基层党组织战斗堡垒作用和党员先锋模范带头作用，才能形成基层治理"主心骨"。荣成市坚持把信用建设、志愿服务与全面从严治党相结合，对党组织干事创业、党员带头参加志愿服务进行信用加分，将以往难以衡量的党规党纪量化为信用积分，为党员考评提供依据。以"党建＋信用＋志愿"为突破口，积极发挥党员骨干先锋模范作用，党组织凝聚力、号召力显著增强，支部担当、干部带头，由此产生强大的辐射带动效应，干部说话有人听、党组织干事有人跟，"党员先行、群众同行"，群众态度发生转变，形成"一呼百应"的良好局面。

### （二）完善制度设计、把握乡村发展规律是破解乡村治理难题、形成治理合力的关键和基础

长久以来，乡村社会趋于"原子化"，社会关系疏离，公共事务甚少有人关心，村民缺乏参与乡村治理和乡村建设的有效途径。荣成市精准研判农村社会实际，因地制宜推动信用建设和志愿服务两种制度在实践中有效结合，以"信用＋志愿"的制度设计，畅通了村民参与乡村治理的有效路径，实现了乡村治理模式的创新；同时把握乡村社会发展规律，抓住农村农民看中"脸面"的特点，把志愿服务量化为信用激励，将信用奖励与群众利益挂钩，创新激励方式，建立长效激励机制，激发起广大群众的参与热情。

### （三）运用信息技术、强化数据管理是推动信用信息标准化、志愿服务高效化、乡村治理精细化的重要途径

互联网时代，数据是新的生产要素，数据平台建设和全方位的数据应用，能够降低成本、提高效率。因此，应充分发挥区块链、云计算、大数据技术的优势，拓宽志愿服务记录、分级、积分的应用场景，与信用积分实现全面、深度融合。荣成市充分运用信息化技术实现信用建设与志愿服务数据的全面融合，通过农村信用信息管理平台，把千村万户的志愿信用情况及时纳入大数据管理并实时跟踪测度；通过全市统一的数据云平台，将零散的志愿服务与集中的信用信息有效衔接，打通信用与志愿深度融合的"脉络"，将志愿服务纳入信用管理和规范发展轨道，促进志愿服务活动有序开展、组织效率不断提升，不断提升乡村治理精细化水平。

### （四）一张蓝图绘到底、务实创新谋突破是创新农村基层治理的持久推动力

荣成市之所以能够形成"信用＋志愿"的工作路径，与历届领导班子坚持一张蓝图绘到底的工作策略分不开。自2012年以来，荣成市始终将社会信用体系的长效机制建设作为基层治理的主要抓手；同时，在实际推动中坚持务实创新，不断聚焦难点热点问题，找准短板、靶向施策。针对历史上形成的农村违章建筑多、处置难问题，利用信用激励党员干部率先垂范、激励群众自发参与，从而拉开了"信用＋志愿"抓乡村治理的序幕，打赢了乡村振

兴的首场硬仗。在此基础上,荣成市进一步将信用建设和志愿服务的势能引流到农村各项发展上,推动信用建设、志愿服务与农村重点工作深度融合,不断拓宽应用场景,持之以恒、久久为功,使"信用+志愿"模式成为乡村治理的有效抓手。

### (五)坚持以人为本、发挥好群众"主力军"作用是乡村治理的核心要义

乡村的发展本质上是人的发展,必须坚持以农民为主体,尊重农民意愿,保障农民权益,不断拓宽农民参与乡村治理的渠道,调动农民的积极性、主动性、创造性。荣成市把志愿服务用信用赋分与群众利益挂钩,村民参与村级公共事务(如修路、挖沟、打扫卫生、垃圾分类、便民服务等),可根据项目和时长获得信用积分,每个季度凭积分领取物质奖励,表现突出的可以参评"诚信之星""诚信明星""诚信示范户",并参加一些仪式感强的集体表彰活动。这些都增强了村民的主人翁意识,提升了群众参与村级公共事务的积极性。同时,在环境整治、暖心食堂、网格治理等工作中,尊重和发挥人民群众首创精神,坚持问计于民,对基层的好点子大力扶持引导、复制推开,把群众的参与意识、主动性、积极性调动起来,畅通共建共治共享通道,运用群众的智慧推动工作,汇聚群众的力量攻坚克难。

# 第二节 "三位一体"推进城乡垃圾
# 综合治理的典型实践

垃圾治理看似是居民日常生活中的一件小事,实则关系生态文明建设大局,是涉及千家万户、影响国计民生的大事。荣成市是一个美丽的滨海小城,但随着城市化和经济的高速发展,城乡居民的生活方式和消费结构发生了巨大变化,生活垃圾产量与日俱增,垃圾治理问题日益严峻。

为破解垃圾治理难题,荣成市把生态优先、绿色发展作为主攻方向,构建了城乡环卫一体化、垃圾资源化处理、垃圾分类全链条"三位一体"的发展战略,初步探索出城乡生活垃圾综合治理的"荣成模式",营造了山青、水净、河畅、景美的人居环境,实现了生态效益、社会效益、经济效益等多

方共赢。在整治垃圾"顽疾"、守护美丽家园的同时，荣成经济运行质量不断提升，民生保障持续改善。

## 一、背景介绍

随着城市化和经济的高速发展，荣成市城乡生活垃圾产量与日俱增。全市生活垃圾量约800吨/天、30万吨/年（其中农村占63%）。同时，传统的垃圾处理模式落后、处理效率低，由此带来的资源浪费和环境污染问题日益严重，不仅影响了市民生活和公共利益，而且影响了经济社会可持续发展。尤其在广大农村，垃圾"放任自流"，随地倾倒、堆放，污水横流、环境普遍脏乱差。垃圾治理问题日益成为制约城乡和谐美丽发展的瓶颈。

2013年7月，习近平总书记在湖北考察民情时强调，变废为宝、循环利用是朝阳产业。使垃圾资源化，这是化腐朽为神奇，既是科学，也是艺术。2018年11月6日，习近平总书记在上海考察时强调，垃圾分类工作就是新时尚。垃圾治理是习近平生态文明思想的重要内容，是"两山"理念的具体体现。生活垃圾治理虽看似是小事，却是民生大事，是改善人居环境、提高人民生活品质的必解之题。

## 二、案例梗概

为破解垃圾治理难题，荣成市把生态优先、绿色发展作为主攻方向，构建了城乡环卫一体化、垃圾资源化处理、垃圾分类全链条"三位一体"的发展战略，不断提升垃圾减量化、资源化、无害化水平，初步探索出城乡生活垃圾综合治理的"荣成模式"。

### （一）城乡环卫一体化，农村旧貌换新颜

针对广大群众反映强烈的"垃圾围村"问题，荣成市首先聚焦农村垃圾治理，2009年3月起，在全省县级率先启动城乡环卫一体化先行区建设，建立起"户集中、村收集、镇转运、市处理"的城乡生活垃圾一体化收集处理模式，农村垃圾日产日清，全市生活垃圾收运率和无害化处理率均达到100%，实现城乡环境卫生质量一体化提升。

**1. 构建一体化清运保洁体系**

（1）配套高效设备设施。按照"收集实用、转运便捷、处理高效"的原

则，荣成市先后投资4.8亿元提升城镇环卫基础设施，建成2处市级垃圾处理场、26处镇级垃圾转运站，布设地埋式垃圾箱600多个，配备专用车辆近200台，实现城乡生活垃圾密闭化收运率、集中入站率、无害化处理率"三个百分百"。

（2）配备专职保洁队伍。组建4300多人的专职环卫队伍，建立"月初拨付、月末审核"的村居保洁员工资管理制度，以每人每年10000元为基数，按照沿海镇街30%、内陆镇街70%的标准统筹农村保洁员工资。实行全天保洁制，落实定人、定岗、定责的保洁管理。

（3）加大资金保障力度。将城乡环卫一体化管理工作作为财政支出重点，予以优先保障，全市每年安排1.1亿元，作为城乡环卫一体化管理运行经费。创新实行垃圾量"以奖代补"（俗称"政府花钱买垃圾"），按照内陆镇街60元/吨、沿海镇街40元/吨的标准予以补贴，鼓励镇街、村居将垃圾应收尽收，避免出现乱堆乱倒现象。

**2. 构建一体化联管联治体系**

（1）建立联动管理机制。市级层面，成立由市委书记、市长任组长，市委副书记、分管副市长任副组长的领导小组，每月对各镇街进行监督考核，考核成绩作为市级补助资金核发和评先选优的重要依据。镇街层面，各镇街成立专门环卫所，负责本辖区环卫管理的日常监督和考核。村居层面，各村居明确1名村"两委"班子成员作为环卫专管员，负责本村居环卫保洁和垃圾清运监督检查工作，构建自上而下、层层负责、高效运转的监管体系。

（2）完善督导考核方式。加强日常考核，将考核系统融入环卫数字化调度中心监控平台，对发现的问题进行拍照取证、上传，确保考核时效性和公平性。强化绩效考核，采取"月度常态化考核、季度差异化验收、半年逐村验收"的方式进行量化考核通报，把扣减后进的补贴全部用于奖励先进，做到"奖前罚后"。强化信用考核，出台《农村居民信用管理实施办法》，将落实"庭院三包"制度写进村规民约，纳入全市诚信体系管理，充分调动广大村民自觉维护村居环境的积极性。

**3. 创新"环卫＋"管理模式**

创新推行城乡环卫"一揽子"管理机制，将市域内所有涉及环境卫生方面的工作全部纳入环卫部门管理。

在城区方面，将27万平方米城铁站区域的物业管理、100多个建筑工地的施工扬尘管理、15个商品混凝土搅拌站的扬尘治理、180座公交候车亭的日常维护、渣土运输车辆沿街撒漏及冬季除雪、夏季防汛等工作纳入统一监管，构建"五分钟巡查圈、半小时响应机制"，切实提高城区环境卫生精细化管理水平。

在镇村方面，市城乡环卫一体办在负责945个村居环境卫生考核监管的基础上，对22个镇街驻地综合整治、460公里干线公路环卫保洁、512公里河道流域卫生监管、10个海湾、78个渔港码头环境治理、19公里铁路沿线及3000多个公交站牌管护情况进行统一考核，全面推进农村环境卫生管理扩面延伸、整体提升。

2017年，中国环境保护产业协会（简称中环协）在荣成市召开了"城乡环卫一体化典型推介会"，推广荣成"环卫＋"经验。这是中环协第一次在县级市组织开会，全国各地与会代表500多人，荣成市在全国城乡环卫一体化工作中发挥了"领头雁"作用。

### （二）垃圾资源化处理，再生增值无污染

城乡垃圾处理过去主要以填埋方式为主，既占用大量土地，浪费可回收资源，又存在环境污染风险。随着经济发展，垃圾量逐年增加，垃圾处理方式亟待升级。2016年，荣成市引进固废产业园PPP项目，利用先进处理方式，对垃圾进行减量化、资源化、无害化处理，垃圾治理取得突破性进展。同年，该项目入选山东省首批PPP推介项目，并获得国家专项补贴800万元。

**1. 整体打包**

固废产业园总投资20多亿元，占地近50万平方米，包括生活垃圾焚烧发电、飞灰处理、渗滤液处理及深度处理、炉渣处理、炉渣应用、生活垃圾卫生填埋场及产业园配套、低温循环水供热等13个子项目。固废处理是一个讲求集群效应的产业，最好是将全市所有的污染源都集中起来。与其他飞灰、废水、固体废物以分散方式进行处理的城市相比，荣成将所有形态的污染源整体打包处理。整体打包不但不会增加项目管理的难度，反而可以使各个项目共享公共设施，互相借力，产生协同作用。

**2. 变废为宝**

产业园秉持创新、绿色、循环的固废处置理念，采用高新技术，按照行业最高标准对全市的生活垃圾等固体废弃物及所有的污染源进行打包集中处

理，并生产转化为电能、热能、中水、建材和金属，返回城市，广泛用于居民生活和建设，实现变废为宝。首先对生活垃圾进行 7～10 天自然发酵、系统分类，然后对垃圾进行焚烧发电。焚烧产生的炉渣通过专业技术，充分利用垃圾焚烧处理产生蒸气的便利条件，将炉渣生产成加气砖和标砖。渗滤液处理产生的中水及其浓缩液经过深度处理后，作为产业园生产、绿化用水，产生的污泥利用蒸汽干化后进入炉膛焚烧发电。产生的沼气经脱水提纯后送至炉膛进行焚烧发电。垃圾焚烧发电的余热蒸汽用于企业生产，低温循环水用于居民供暖。目前，产业园日处理垃圾 1000 多吨，日均发电 25 万度、生产加气砖 800 余立方，最大供热能力 300 万平方米，年供气能力 50 万吨。

### 3. 严格排放

经产业园处理后固体减量 95%、液体"零排放"、气体近零排放。例如，烟气方面，垃圾焚烧后的烟气国家标准是 AA，但荣成固废产业园执行最严环保标准，在细节方面进一步优化，采取"半干法 + 干法 + 碱喷淋 + 活性炭喷射 + 布袋除尘"处理工艺，按照国际最严的欧盟 2010 标准，即国内最高的 AAA 级标准排放。渗滤液处理方面，由于其水质成分复杂，以 400 吨为例，普通工艺仅能处理 300 吨渗滤液，余下 100 吨无法处理，仍回填填埋区，产生大量二次污染物。为攻克难关，2018 年，荣成市自主创新、联合开发，投资 1.8 亿元建设垃圾渗滤液深度处理项目，对渗滤液处理过程中产生的各种产物进一步实行深度处理，其中：①清液，经膜深度过滤除盐，可替代自来水用于园区生产，回用率达 85%；②浓缩液，经蒸发处理后产生的结晶盐及稳定固化后的母液送到卫生填埋场填埋；③污泥，采用蒸汽干化工艺进行脱水处理，含水率可降至 30%，之后送至垃圾焚烧发电厂焚烧；④沼气、臭气，送入焚烧炉内燃烧资源化利用，渗滤液处理水平实现了产物不出园区、近零排放。

### （三）垃圾分类全链条，引领生活新时尚

垃圾混置是垃圾，垃圾分类是资源。原有焚烧处理方式的前端不解决垃圾产生问题，仅依靠末端处理，非常被动。垃圾分类既可以提高资源回收利用率，提高经济效益，也可以从源头上减少垃圾处理量、降低后续处理中的能源消耗。2019 年起，荣成市按照以乡促城、以城带乡、城乡一体的思路，依托原有完善的城乡环卫一体化运转体系，高标准打造"全链条"式城乡生

活垃圾分类一体化运转体系，从根本上破解"垃圾围城"之困。

**1. 前端分类投放，源头减量**

多措并举，把好垃圾分类的第一道关口。

（1）在分类标准方面，2019年，根据滨海城市生活垃圾成分中海鲜贝壳类占比较多和末端处置实施等实际情况，荣成市因地制宜，创新"4+1"垃圾分类标准：有害垃圾、可回收物、厨余垃圾、其他垃圾（可燃垃圾、不可燃垃圾），以及大件垃圾。将不可燃垃圾分出来，可有效提高垃圾焚烧热值和发电量，节省助燃费，降低处理成本。

（2）在宣传引导方面，采取"组建百人宣讲团、编制教育读本、15分钟入户讲解、线上线下联动"宣传法，坚持与基层党建活动、机关干部集中学习、新时代文明实践活动"三个结合"等，累计发布宣传报道380篇，开展业务培训及志愿活动2000多场次，发放宣传资料18万份，营造"户外有图、电视有影、广播有声、网络有言、报刊有文、入户有人"的垃圾分类浓厚氛围，群众知晓率达到99%。

（3）在激励机制方面，创新"信用+"管理模式，发挥信用的抓手作用。村居将垃圾分类情况与信用管理挂钩，作为评比"先进户"和发放福利待遇的主要依据。市信用服务中心制定垃圾分类征信考核办法；各职能部门本着"管行业就要管垃圾分类"的原则，将分管领域内所有企事业单位、生活小区、沿街商铺的开展垃圾分类情况与征信紧密挂钩，强化惩戒兑现。

**2. 中端分类收运，提供保障**

为避免"前分后混"，对设施和管理进行提档升级。

（1）在分类收集方面，投资1.9亿元，配备垃圾分类桶27.2万个，新建垃圾分类房1410个，取消城乡公共部位所有垃圾桶，实行"退桶进房进院"管理，将垃圾收集由多点分散式改为定点集中式，落实定时定点投放和定人现场监督垃圾分类质量的"三定一督"监管措施，提高垃圾分类准确率。

（2）在分类转运方面，投资5000万元，新购垃圾分类车145辆，根据各类生活垃圾产生量制定分类运输"路线图和时间表"，将城镇垃圾分类运输时间调整到早8点以后，彻底解决清运作业噪声扰民问题。建立清运车辆识别体系，车辆型号、车体颜色统一分类标识，提高车辆分类识别度，防止混装混运。对全市26处垃圾中转站升级改造，日均转运能力达到600吨。

（3）在运行管理方面，搭建垃圾分类智慧化管理平台，每辆运输车都安装定位、评价、监控及称重系统，每个垃圾收集点设置电子标签，每天对村居落实垃圾分类情况，进行自动统计数量、判断异常、评价质量。采用每周联席会调度、媒体跟踪曝光、纳入目标责任制考核等方式，强化垃圾分类质量长效监管。

**3. 末端分类处理，物尽其用**

在原有固废产业园的基础上，2020年荣成市又投资2000多万元，新建不可燃垃圾分拣中心、大件垃圾处置中心、再生资源回收利用中心各1处，完善垃圾分类终端处置体系。

（1）可燃垃圾统一运至市固废产业园焚烧发电。经测算，前端分类后，可燃垃圾焚烧每年可增加经济效益2300多万元：每吨焚烧发电量增加73度，年增加收入1365万元；每年垃圾减量3.1万吨，减少焚烧处理费550万元；分类后可燃成分占比高，冬季不需掺加助燃剂，每年减少助燃费450万元。不可燃垃圾统一运至不可燃垃圾分拣中心进行筛分，砖瓦、石块、陶瓷等纳入建筑垃圾加工成建材，废弃炉渣、沙土等纳入弃土消纳场填埋，海鲜贝壳类加工成饲料。

（2）可回收物运至再生资源综合回收利用中心进行回收再利用，实现价值变现。推进生活垃圾收运网络和再生资源回收网络"两网融合"，市商务部门负责指定废旧回收企业对城区进行"分片管理"，定期上门回收，提升收集效率，促进末端处理减量化、再生资源回收增量化。

（3）厨余垃圾采取"就地就近＋分片集中"处理模式，邀请4家不同处理工艺的相关企业，免费提供设备开展厨余垃圾处理试点，通过试点对比分析环保效益、经济效益等情况，择优选定处理工艺。

（4）有害垃圾按照每户每年20元标准，安排约500万元奖励资金，鼓励村民将有害垃圾应收尽收，统一收运至寻山转运站有害垃圾集中暂存点，由专业化公司进行无害化处理。

（5）大件垃圾由居民自行或委托物业企业运至处理中心进行拆分破碎，可燃部分运至固废产业园焚烧发电，可回收物出售给再生资源回收企业再利用。

## 三、取得的成效

垃圾治理功在当代、利在千秋。荣成市通过"三位一体"城乡生活垃圾综合治理，在生态效益、经济效益、社会效益等方面取得了阶段性成效。2020年，荣成市被住房和城乡建设部评为农村生活垃圾分类和资源化利用示范县，山东省政府也推介其经验做法。

## （一）生态效益："美丽荣成"颜值不断刷新

通过城乡环卫一体化抓整治、全覆盖，垃圾资源化处理抓环保、控污染，垃圾分类全链条抓精细、补短板，逐步从源头上实现垃圾的"无害化、资源化、减量化"，年处理生活垃圾35万吨，城乡垃圾分类实施以来，处置有害垃圾6.7吨，减少了空气污染、水体污染和土壤污染等。乡间小道干干净净，农村不是"灰头土脸"，就连犄角旮旯也难觅垃圾踪迹，城市更加清洁，生态文明建设步入快车道。2019年，荣成市被国务院办公厅督察激励通报为"开展农村人居环境整治成效明显的地方"，奖励2000万元，累计已有50多个省内外考察团队300多人次前来交流经验做法。

## （二）经济效益："垃圾山"变身"金山银山"

2020年，全市垃圾回收利用率达到35%以上，节省了大量资源。垃圾焚烧处理实现经济效益总数为1.35亿元：①发电1.02亿度，经济效益6700万元；②城区西南区域冬季供暖100多万平方米，经济效益1440万元；③为工业园企业供应蒸汽5.70万吨，经济效益1254万元；④炉渣制砖20万立方米，经济效益4000万元；⑤处理渗滤液20.97万吨，废水用于园区生产，近零排放，节约水资源24万吨，节约开支80万元。

## （三）社会效益：城乡劲吹"文明风"

打赢垃圾治理攻坚战，不仅是优良生态环境的保障，而且是人民日益增长的美好生活需要。垃圾治理提高了市民环境意识、文明意识，使村村爱干净、人人讲卫生的社会风气逐步形成，让"垃圾分类工作就是新时尚"日益成为社会共识，有力助推"全国文明城市"建设，群众幸福感、获得感不断提升。2013年以来，荣成市在全省城乡环卫一体化农村群众满意度电话调查中始终名列前茅，并三次夺冠。

环境既是荣成最大的优势，也是荣成最强劲的发展动力源泉。荣成市在打造美丽家园的同时，实现了产业振兴，经济运行质量不断提升，民生保障持续改善，"自由呼吸·自在荣成"的内涵与深度日益拓展、品牌形象日益深入人心，城市综合竞争力和吸引力与日俱增。

## 四、启示

垃圾治理是一场革命，也是一场持久战，须因地制宜，制定合理方案、全面加强科学管理、动员全社会广泛参与。

### （一）统筹谋划，精准施策，循序渐进

垃圾治理是一个完整的系统链条，包含诸多相互联系的环节，需要统筹谋划，系统建设。荣成市坚持"三位一体"整体谋划，全域统筹推进，不留空白和盲区，坚持上下左右联动，促进部门间协同合作，推动制度建设、资金投入、多元参与、市场运作等多要素结合，从而形成巨大的治理合力。同时，垃圾治理是一项长期工程，不能一蹴而就，荣成市坚持短期目标与长远规划相结合，坚持环境、社会、经济效益相统一的原则，综合考虑各个环节、各个项目的不同特点和自身区域条件，因地制宜，精准施策，循序渐进，带动整体治理水平的提升。

### （二）政府主导，党建引领，社会支持

科学治理垃圾是撬动基层社会治理的重要杠杆，是基层践行群众路线的重要领域。荣成市坚持发挥政府主导作用，将城乡环卫管理工作列入党政一把手工程，在全省范围内首推"双组长"责任制（市委书记担任领导小组组长、市长担任工作专班组长），采用政府财政全额支出模式，保障资金投入，升级基础设施，充分发挥党建引领和党员示范带头作用，有序推进垃圾治理不断取得新进展和新成效。同时，积极推动公民、企业、社会组织、媒体、社区等多元主体共同参与，注重与社会资本深度合作，集成运用互联网、大数据、物联网等现代信息技术，全面构建共建共治共享的现代垃圾治理体系。

### （三）有效监督，双重激励，长效管护

强制与引导并重，激励与惩戒并用，刚柔并济，是确保垃圾治理成效的必要之举。荣成市建立市、镇、村三级监督考核机制，坚持标准化、智能

化、常态化管理，以"人防＋技防"实行全方位多角度精准监督，如采用"村村考"、"三定一督"（定时、定点分类投放，定人在现场破袋检查、督导和评价）等多项措施，利用信息化智慧平台加强监督考核，保证垃圾分类质量。在农村通过信用管理进行奖惩激励，使村民参与垃圾分类的自觉性和积极性空前高涨。在市区建立垃圾分类工作红黑榜曝光机制，每周曝光两期，对垃圾分类质量好的单位、社区、街道、村居，予以"红榜"表扬，对做得不到位的进行"黑榜"表态，为垃圾分类工作的顺利开展起到了很好的激励监督作用。

### （四）立体宣教，创新形式，营造氛围

垃圾治理事关千家万户，离不开每个社会成员的努力。要转变广大社会成员的传统生活方式和思想认识，长期、持续、多途径的宣传教育必不可少。荣成市在垃圾治理过程中，始终注重教育和宣传，加强价值观引领、舆论引导和知识普及。例如，从教育普及入手，将垃圾分类纳入农村干部冬训、夏训范畴，分期分批对机关事业单位、企业单位、餐饮单位、学校等进行集中培训，发挥"小手拉大手"效应，将垃圾分类纳入教育教学体系。媒体平台常年宣传垃圾分类有关内容，社区和志愿者经常进行入户宣传与培训，社会组织积极开展垃圾分类公益活动。通过多渠道宣传，使居民对为什么进行垃圾分类、怎样进行垃圾分类有充分的了解，最终理解并主动参与垃圾分类工作，自觉养成低碳生活方式，从源头上达到垃圾减量化目标。

## 第三节 促进乡村文旅融合发展，拓宽乡村治理路径

乡村旅游既是一项富民产业，也是一项内容丰富、覆盖范围广的系统工程。其规模的扩大和质量的提升，既需要地方政府的政策倾斜、制度保障、资金支持，也需要农村广大干部群众和全社会的积极参与。乡村旅游的发展，离不开建立基层各部门相互联动、全社会共同参与的旅游综合协调机制。在探索完善乡村旅游服务体系和治理体系的过程中，该机制有利于推动乡村治理能力的提高。

《中华人民共和国国民经济和社会发展第十四个五年规划和2035年远景目标纲要》提出，要推动文化和旅游融合发展，要坚持以文塑旅、以旅彰文，打造独具魅力的中华文化旅游体验。当前，乡村旅游必须深挖乡村文化，促进乡村文旅深度融合。

荣成市位于山东半岛最东端，三面环海，拥有千里黄金海岸线，旅游资源丰富，现有3处4A级旅游景区、2处省级旅游度假区，拥有胶东独特的海草房，传统古村落遍布、渔家文化兴盛、名人名胜繁多，红色资源丰富。粗犷豪迈的渔家文化和依山傍海的自然风光交相辉映，绽放出闪耀迷人的魅力。依托良好的自然生态和特色历史文化，荣成市主动顺应旅游消费升级新趋势，推动文旅深度融合、高质量发展，激活文化基因，迸发旅游活力，绘就出精致荣成的全新乡村画卷。

## 一、推动乡村文旅深度融合发展的荣成探索

近年来，荣成市通过完善政策体系、加大扶持力度、弘扬特色文化，聚焦全域旅游，释放市场潜力，在推动乡村文旅深度融合发展方面进行了有效的实践探索。

### （一）多管齐下，谋篇乡村文旅全域布局

**1. 一体规划**

高标准编制《荣成市全域旅游规划》，出台22个一揽子综合性支持文件。与国际旅游运营集团签订《全域旅游目的地品牌策划》战略协议，明确乡村文旅发展主攻方向。邀请专业化、有实力的大公司进行深度策划和专业运营，加快提升景区景点档次功能和精细化管理水平。

**2. 加强保障**

一方面，加大资金扶持力度，近5年来，荣成市旅游专项资金投入年均递增12%，累计投入涉旅资金559亿元。另一方面，加强人员保障力度，安排市级领导挂包重点文旅项目，及时解决项目建设中的难点堵点，以"志愿服务＋信用激励"为抓手，积极引导市民参与文旅事业发展。

**3. 完善服务**

加强乡村旅游公共服务体系建设，完善交通、旅游驿站及各类配套旅游基础设施，升级旅游标识系统，建立全业全景智慧旅游平台，为游客提供一

站式、定制化服务，推动公共服务与文旅服务相融合。

## （二）突出优势，打造乡村文旅特色品牌

### 1. 打造滨海风情特色品牌

立足地域特有元素，围绕渔家文化、海草房、大天鹅、海洋牧场等，培植精品民宿，打造"冬赏天鹅、夏游牧场、住海草房、吃渔家饭"的滨海风情游。

### 2. 打造"三渔文化"特色品牌

弘扬地方乡村民俗特色，创新非遗传承方式，推动以"渔家锣鼓、渔民号子、渔家秧歌"为主体的"三渔文化"走进景区、走上舞台、走向全国，将其打造成最具荣成特色的文化名片。

### 3. 打造乡村红色旅游特色品牌

依托革命老区优势，加强对乡村红色资源的抢救、保护和利用，不断提升"将军县"美誉度。对全市107处红色印迹进行抢救式挖掘，打造郭永怀事迹陈列馆等特色红色印迹展馆。深挖红色文化资源，打造红色乡村文旅驿站，开发红色研学产品。整合红色资源，与市域内的乡村旅游点、景区、科普文化馆一体策划，推出"红色＋家国情怀""红色＋党史教育""红色＋生态画卷"等10个红色旅游精品线路。

## （三）深挖文脉，提升乡村文旅融合内涵

### 1. 加强传承保护

全面实施乡村记忆工程，建设西火塘寨、南我岛等各类乡村记忆馆30多处，对海洋民俗文化、文化遗产进行真实性保护。成立海草房保护协会，出台《海草房民居保护试行办法》《海草房保护资金管理办法》，每年拿出专项资金对海草房进行抢救式修缮保护。

### 2. 加强开发利用

推出传统海味村落，引导烟墩角、东褚岛等传统农村村落通过各种形式展示海味生活习俗和民间文化艺术，吸引艺术家及游客采风创作、休闲度假。发扬传统乡村技艺，建设蜢子虾酱手工制作技艺、海参传统加工技艺等"非遗展室"，推动传统乡村技艺实现产业化发展。

### 3. 加强科技创新

建立"云游荣成"虚拟展厅，结合智慧旅游开发，推出"自在荣成 云

上旅游"云平台，为传统乡村文化插上智慧的翅膀，形成"文旅＋科技"智慧化开放平台。

### （四）创新供给，拓展乡村文旅发展空间

**1. 培植"书香荣成"，以"文"赋魂，提升文旅融合魅力值**

不断完善全市阅读场所等文化基础设施，推广全民阅读活动，让游客和市民在旅游中随时可以体验休闲阅读、品味书香，在读书之余可以欣赏海岸风景、感受小城独特风情。

**2. 培育文旅新业态，以"融"赋能，激发文旅融合新动能**

积极顺应大众旅游、大众消费需求，在各产业各领域高质量发展过程中，融入"＋旅游"的发展模式，打造"康养＋旅游""乡村振兴＋旅游""体育赛事＋旅游""科技＋旅游""研学＋旅游""夜间经济＋旅游""交通＋旅游"等新模式，拉长乡村旅游产业链，向业态融合要生产力。

**3. 开发文创产品，以"创"赋值，提升乡村文旅融合附加值**

推出"荣成海鲜"旅游商品伴手礼及荣成大天鹅系列乡村文创产品；开发"荣成记忆"文创标识体系，塑造"荣小歌"城市文创IP，形成"漫游荣成"AR，VR系列产品。

### （五）加强营销，提升乡村文旅城市形象

**1. 强化媒体宣传**

制作《自由呼吸·自在荣成》《天鹅有约·荣成有礼》宣传片，通过30个海内外平台向全球推介。与央视、山东电视台等媒体合作，拍摄播出渔民号子、渔家大鼓、面塑、草编等非遗项目；与抖音、山东融媒等合作，打造抖音矩阵，发布逗鸥、五彩公路、七彩盐田等火爆视频。

**2. 强化赛事、节会活动宣传**

举办滨海国际马拉松、国际航空嘉年华、全国自行车邀请赛等高品质赛事，举办成山头吃会、开洋谢洋节、石岛音乐啤酒节、那香海海洋艺术节等主题节庆活动。

**3. 加强推介合作，拓展市场**

将文旅宣传与房地产推介结合起来，赴外宣传推介吸引游客，在央视、新华社等主流媒体和全国重点城市进行精准营销活动。重点开发四川、重

庆、陕西等省市的客源地市场，巩固拓展日本、韩国、俄罗斯市场。

通过固本强基、拓新提升，推动乡村文旅深度融合。近年来，荣成乡村文化和旅游产业不断取得高质量发展。"十三五"期间，荣成市每年过夜游客超过100万人次，年均增长15%以上；2020年成功创建国家全域旅游示范区；2022年获评首批山东省文旅康养强县；等等。这让"自由呼吸·自在荣成"品牌知名度和影响力得到持续提升。

## 二、乡村文旅深度融合为乡村治理提供助力

### （一）促进了农村人居环境的改善

依托乡村优美自然景观、环境资源、人文建筑、传统文化、乡土风情等的乡村旅游，与农村人居环境整治有着天然的联系。农村人居环境的改善、基础公共设施的提升，是乡村旅游产业发展的前提。为进一步夯实乡村旅游的奠基工程和基础支撑，荣成市近年来不断加大对农村道路的硬化处理和修建，改善农村公共卫生设施、推进厕所革命，对农村垃圾和污水进行无害化处理，有效改善了农村人居环境。

### （二）增加了乡村居民和村集体的收入

经济是基础，乡村治理离不开充足的资金保障。输血是一阵子，造血才是一辈子。只有基层政府、村集体、村民都鼓起了"钱袋子"，才能激发乡村治理内生动力，破解诸多难题，真正实现乡村治理的可持续发展。荣成市通过促进乡村文旅深度融合发展，提升了乡村旅游的发展水平，让村集体经济富了起来，让农村腰包鼓了起来，为乡村有效治理进一步筑牢了坚实基础。

### （三）增强了乡村居民的思想意识理念

乡村旅游的发展有利于优秀乡村传统文化的挖掘、开发和弘扬，同时倒逼村民保护人居环境、养成良好的生产生活卫生习惯，提升环保意识。为促进乡村旅游的发展，荣成市不断打造优良旅游服务品质、构建诚信文旅市场，广大志愿者热心为游客提供旅游咨询、资源讲解服务，村民的现代文明意识不断被增强，有效促进了乡风文明，提升了乡村治理软实力。

## 三、进一步优化路径，推动乡村文旅融合发展

荣成市推动文旅深度融合高质量发展取得阶段性成效，但仍存在一些短板。例如，政府政策推动强，乡村旅游市场主体力量弱；乡村旅游产品内容和项目模式仍存在同质化；高素质复合型的乡村文旅专业人才缺乏；乡村夜游项目较少，夜间经济有待进一步提升；等等。因此，必须进一步优化推动文旅深度融合高质量发展的路径。

### （一）处理好政府与市场的关系，双向发力

政府是推动指导文旅融合发展的核心，而市场是实现文旅融合发展的关键。因此，应坚持"政府引导、市场运作、企业主体、社会参与、群众受益、永续利用"的原则，推动文旅深度融合。政府要制定中长期发展战略，健全管理体制机制和市场规则，着力加强文化遗产和知识产权保护，加强市场监管，促进公共产品的有效供给和基本公共服务均等化，保障不同群体文化和旅游权益，为激活文旅企业发挥好市场主体力量营造良好环境。同时，要激发市场活力，充分发挥市场在资源配置中的决定性作用，鼓励多种形式的资本进入文化旅游产业，丰富文化旅游业态。

### （二）丰富乡村文旅产品供给，提升游客满意度

推动文化资源可持续开发，以文旅融合项目为载体，激活优秀乡村传统文化资源，讲好乡村文旅故事，制造意外惊喜，丰富游客体验。荣成市拥有众多文物古迹、非遗项目、传统美食、传统手艺、传统村落等，因此要着力推动文化遗产保护利用与旅游业发展相结合，让文物活起来，打造更多体现文化内涵、人文精神的特色旅游精品和文化创意精品；要以旅游IP为关键抓手，助推文旅融合供给侧结构性改革，做优做强乡村文创产品，满足人们多样化、个性化、高品质的文化消费需求；要鼓励具备条件的乡村重点旅游区或度假区着力挖掘特色资源，积极运用现代科技，引进或自行开发具有民族特色或乡村地域特色的大型旅游演艺项目，打造高水平的旅游演艺品牌。

### （三）策划乡村特色消费项目，培植延时延季消费

策划乡村旅游线路，持续打造开洋谢洋节、成山头吃会、那香海旅游文

化节、冬赏天鹅等四季文旅活动IP。策划特色评选活动，全年推出"最美古村落""最美民宿""最美打卡地""最美非遗"系列评选活动，通过评选活动吸引市内外游客关注，延续游客参与观光消费打卡。制作本地文化大餐，拍摄"文化地图上的荣成"系列纪录片，推广宣传荣成海草房苫匠、特色美食记忆、三渔文化等文化瑰宝，通过文化讲述赋予乡村自然景观灵性，提升乡村旅游文化魅力。策划夜间旅游活动，持续放大樱花湖时尚休闲街区、那香海音乐节、热气球文化节等小众文旅活动作用，做好活动宣传，提高影响力。坚持全季节旅游，聚焦弥补冬季旅游消费短板，精准实施拓展型消费，打造高端民宿。

### （四）培育乡村文旅专业人才，发挥人才支撑作用

构建多元化培养机制，采取政府引领、市场主导、产学研相结合的培养模式，加强对乡村文旅专业人才的培养，重点培育乡村文旅经营管理人才、创意创造和设计人才、数字文旅新人才、文旅复合型人才，全面覆盖旅游规划、建设、运营与管理各个环节，形成适应新形势的乡村文旅人才培养体系。坚持产教融合、校企合作，提升人才培养质量。优化人才引进机制，改善乡村文旅人才落户政策，吸引高素质人才从事乡村旅游业，通过住房补贴、技术津贴等优惠政策吸引各地优秀文旅人才前来就业。完善乡村文旅人才激励机制，健全人才使用、流动、评价和激励体系，营造利于人才发展的良好环境。

## 第四节 "信用＋网格化"治理，
## 提升基层治理水平

针对社会治理和居民诉求面广量多现象，近年来，荣成市以党的建设为引领，以文明实践为主线，将社会信用和网格化治理结合起来，把村干部、网格协管员、志愿者和群众调动起来，汇集了凝聚力和向心力，形成了齐抓共管的共建共治共享模式。集成"12345"政务热线、荣成民心网、智慧社区等15个线上线下渠道，组建社会治理服务中心，实现群众诉求"一个部门、一网通办"。围绕实现"被动等投诉"向"主动去解决"转变，将社会

治理服务中心与社会信用中心进行集成，对群众反映强烈的共性诉求，集中分析研判，找准改进方向，及时纳入社会信用管理体系，使各项制度更有针对性、更具实效性，年均解决各类民生问题10万多件，群众满意度达98%。

推进网格建设，是党中央着眼创新基层治理做出的重大部署。2019年，荣成市开始探索实践社会网格化治理理念；2020年，成立市社会综合治理联动指挥中心，在实践中逐步建立健全了具有荣成特色的网格化治理机制。信用建设是荣成的一张名片。2012年，荣成市在山东省率先启动社会信用体系建设，扎实做好打基础、利长远的工作，信用体系建设在持续深化提升中保持县域领先。2018年1月，荣成市成功入围全国首批12个社会信用体系建设示范城市。近年来，荣成市依托良好的信用建设基础，积极探索开启"信用+网格化"基层社会治理新模式，发挥信用"四两拨千斤"的作用，撬动各类治理资源、力量投向网格，促进网格治理由政府主导向社会协同转变，把网格建成共建共治共享的新载体，为基层网格化治理增添新动能，构筑起党建引领、网格筑基、信用赋能的基层治理新格局。

## 一、主要做法

### （一）网格筑基，全面提升社会治理水平

**1. 织密全域覆盖网格**

农村分别以300户、50户、15~20户，社区分别以300~400户、150~200户、楼栋为标准，按照"基础网格+单元格+细胞格"模式划分为三级网格，使"网格"比规定要求缩小20倍。全市共划分基础网格1419个、单元格4272个、细胞格13646个，配备网格员1419名、协管员4272名、联络员13646名。结合全省统一标准，对所有基础网格进行编码，使每个网格都配备专属"身份证"，有效提升工作精准度。

**2. 打造集成处置平台**

将"12345"政务服务热线、民心网、民生110等12个线上渠道和网格、数字化城管等3个线下渠道，全部集成到社会治理一体化平台，配套研发"荣成联动"App，健全一个平台汇集、一套规范处置、一哨联动办好、一库综合研判、一体督导考核"五个一"体系，一站式受理、联动化处置社会治理问题，实现群众解决诉求"最多跑一地、只进一扇门"。

### 3. 建立哨号联动机制

打破"属地管理""职责边界"的限制，依托社会治理一体化平台，将传统的"镇街吹哨、部门报到"升级为"哨号互通"机制，对于群众反映的问题，牵头单位可根据需要随时"吹哨"，其他部门"应哨而动"，联动配合解决问题。借助这一机制，一批长期以来不好解决的"老大难"问题得到了高效解决。

## （二）党建引领，建立健全红色信用体系

### 1. 建立制度，把规范立起来

围绕党组织标准化规范化建设、党员作用发挥等方面，明确守信、失信细则，形成具体可量化考核标准，推动"标准化＋过硬支部"建设，不断提升基层党组织组织力。

### 2. 激励引导，让队伍动起来

建立红色信用积分管理机制，创建全省首家"红色信用银行"，以信用积分兑换为正向激励，以社会联合惩戒为负面约束，推动形成"共建—积分—兑换—表彰—带动—共建"的闭环工作机制，发挥党员示范引领作用，提高驻区单位服务热情及居民自治水平。

### 3. 搭建载体，促服务亮起来

抓实"双报到"工作，建立考核评价办法，将服务行为量化为具体信用分值，要求在职党员每月报到服务1次、全年积分不得低于5分。搭建联动平台载体，成立百千万商企联盟、红色物业联盟等4类载体，实施红色信用项目271个，有效衔接居民需求和企业公益供给。

## （三）信用赋能，构建共建共治共享格局

### 1. 以信用促进优秀人才向网格流动

严格选拔网格员，通过给予网格员较高信用分，吸引党员、优秀志愿者、村民代表（小区长）三类优秀人才向网格流动，表现优秀的作为后备干部培养，迅速扩充"蓝马甲"网格员队伍。由网格员负责组织管理网格内的志愿者开展志愿活动，提升了志愿服务的规范化程度。目前，穿"蓝马甲"的网格员与穿"红马甲"的志愿者组成了乡村治理的"红蓝双军"。

**2. 以信用促进公共资源向网格聚集**

网格的生命力在于解决问题，说到底就是要把网格的功能丰满起来，建立"全科网格"。为此，荣成市把部门权力下放纳入政务诚信考核，从"公检法司"开始，把安全隐患排查、综合执法协管等135项能下放的权力都下放进网格，借助信用"强磁场"集聚各类资源要素，为网格"强身健体"，让网格"包罗万象、包打天下"。

**3. 以信用促进矛盾调处向网格集中**

对网格员进行考核，考核优秀的给予信用加分奖励，对化解问题突出的加大奖分额度，倒逼网格员"看好自己的人，管好自己的事"，主动排查发现问题，主动协调化解，实现"大事不出村、小事不出格"。运用信用奖惩机制引导约束群众行为，广泛吸纳一大批志愿者进网格干事业，形成了"多方参与、融合发展"的态势，垃圾分类、清洁家园、文明实践、暖心食堂等工作开展得红红火火，乡风民风明显改善，文明之风吹遍荣成大地。

## 二、经验启示

### （一）党建引领、发挥党员带头作用是基层社会有效治理的重要法宝

只有不断夯实基层党建基础，持续发挥基层党组织战斗堡垒作用和党员先锋模范带头作用，才能形成基层治理"主心骨"。荣成市以"党建＋信用＋网格化"为突破口，积极发挥党员骨干先锋模范作用，党组织凝聚力、号召力显著增强，支部担当、干部带头，由此产生强大的辐射带动效应，干部说话有人听、党组织干事有人跟，引领群众态度发生转变，以"党员先行、群众同行"凝聚基层治理同心力量，形成"一呼百应"的良好局面。

### （二）以人为本、发挥好群众"主力军"作用是基层社会治理的核心要义

人民群众是基层治理的主力军，必须充分发挥村（居）民自治在基层治理中的积极作用，形成全社会广泛参与、群防群治的基层治理工作体系。荣成市将信用奖励与群众利益挂钩，创新激励方式（如成立信用基金，变"普惠式"的群众福利为"差异化"的信用奖励，设立志愿信用超市、信用银

行，大张旗鼓进行表彰，推进信用礼遇进万家，等等），让守信群众有获得感和荣誉感。广大群众积极性、主动性、创造性被充分调动起来，积极参与基层事务、网格治理，营造了"民事民意、民事民管、民事民办"的良好氛围。群众成为基层治理主力军，变"政府独唱"为"社会大合唱"，汇集起基层治理的磅礴力量。

### （三）关口前移、力量下沉是提升基层治理效能的有效手段

荣成市依托信用考核，整合各部门职能，将社会救助、社会保障、应急管理等9类社会管理服务事项，以及基层治安联防、法律服务、综合执法等专业力量下沉，并确定专业人员与网格员对接，建立联动机制。运用"双报到"、吹哨报到等工作机制，与驻区单位、职能部门进行常态化共建。由此，荣成市得以重塑基层网格，成功改变社会治理单打独斗、各自为战局面，形成社会治理强大合力。目前，全市有网格员共1.5万人，累计开展共驻共建活动2000多场次，协调解决各类问题9000余个。

### （四）问题导向、聚焦难点热点是优化基层社会治理的关键

抓基层治理，必须坚持问题导向。聚焦实际问题，找准短板、靶向施策，以问题解决和群众满意作为检验基层治理成效的标尺，基层社会治理才能持续长久。荣成市在网格化治理中，把村规民约、居规民约提升为信用管理，推动信用与农村、社区重点工作深度融合，解决基层治理老大难问题、群众急难愁盼问题，创新"信用＋环境整治""信用＋志愿""信用＋文明实践""信用＋暖心食堂"等，并不断拓宽信用应用场景，持之以恒、久久为功，使信用成为推动基层治理的有力抓手。

# 参考文献

［1］ 中共中央党史和文献研究院.习近平扶贫论述摘编［M］.北京：中央文献出版社，2018.

［2］ 马克思,恩格斯.马克思恩格斯全集:第26卷 第1册［M］.北京：人民出版社，1972.

［3］ 马克思,恩格斯.马克思恩格斯选集:第4卷［M］.北京：人民出版社，1995.

［4］ 习近平.坚持把解决好"三农"问题作为全党工作重中之重 举全党全社会之力推动乡村振兴［J］.农村工作通讯，2022（7）：4-9.

［5］《求是》杂志编辑部.做好乡村振兴这篇大文章［J］.小康，2019（18）：23.

［6］ 位杰.习近平关于实施乡村振兴战略重要论述蕴含的科学思维方法［J］.经济学家，2022（11）：21-29.

［7］ 邓崧,周倩.边疆地区"三维一体"的乡村治理逻辑框架:基于云南省的多案例分析［J］.云南行政学院学报，2021，23（2）：24-35.

［8］ 张纯,赵丹.乡村振兴战略形成的理论渊源与现实基础［J］.长春理工大学学报(社会科学版)，2020，33（3）：30-33.

［9］ 张天佐.准确把握乡村治理的方向和重点［J］.农村工作通讯，2020（14）：11-13.

［10］ 张海鹏,郜亮亮,闫坤.乡村振兴战略思想的理论渊源、主要创新和实现路径［J］.中国农村经济，2018（11）：2-16.

［11］ 黄祖辉,胡伟斌.全面推进乡村振兴的十大重点［J］.农业经济问题，2022（7）：15-24.

［12］ 史乃聚,杨卓,李海源.析乡村振兴战略现实逻辑与实践路径［J］.智库理论与实践，2022，7（6）：166-175.

［13］ 黄季焜.加快农村经济转型,促进农民增收和实现共同富裕［J］.农业经

济问题,2022(7):4-15.

[14]  于东超.中国共产党执政以来国家治理的逻辑理路[J].东北农业大学学报(社会科学版),2021,19(2):20-27.

[15]  张天佐.加强乡村治理体系建设 走中国特色乡村善治之路[J].审计观察,2020(9):54-58.

[16]  中共中央办公厅国务院办公厅关于加强和改进乡村治理的指导意见[J].新农村,2019(9):3-4.

[17]  邓大洪.专家献策:乡村经济"涅槃重生"[J].中国商界,2021(Z1):16-19.

[18]  邱华.乡村治理多元主体共同体意识培育对策探究[J].南方农业,2021,15(6):165-166.

[19]  杜智民,康芳.乡村多元主体协同共治的路径构建[J].西北农林科技大学学报(社会科学版),2021,21(4):63-70.

[20]  肖绪信,李妍.全域旅游驱动下乡村治理现代化路径研究:以浙江义乌为例[J].农村·农业·农民(B版),2022(4):40-44.

[21]  李雪媛,吴雨晨.旅游促进乡村治理的路径探究:以三瓜公社为例[J].中国市场,2019(26):64-67.

[22]  郭凌.重构与互动:乡村旅游发展背景下的乡村治理[J].四川师范大学学报(社会科学版),2008(3):16-22.

[23]  高玉敏.乡风文明视域下乡村文化建设路径研究:基于河北省乡风文明建设的调查与思考[J].四川戏剧,2022(6):136-139.

[24]  尤伟杰.乡风文明在当代乡村治理中的价值研究[J].农村经济与科技,2021,32(10):234-236.

[25]  张世定,范弘雨.乡风文明视域下的乡村文化建设[J].延安大学学报(社会科学版),2020,42(1):74-79.

[26]  贺少雅,萧放,鞠熙.乡风文明建设的创新探索、现实困境及推进策略[J].社会治理,2021(10):46-52.

[27]  丛瑞雪.山东省提升乡风文明的对策研究[J].菏泽学院学报,2021,43(4):6-10.

[28]  李长学.新时代加强乡风文明建设的逻辑成因、成效问题与改进路径[J].临沂大学学报,2022,44(1):94-101.

[29] 杨梅.乡村振兴视域下乡村文化建设的路径研究[J].大陆桥视野,2022,
(10):92-94.

[30] 郝凌峰.用"硬约束"刹住攀比风:河北省邯郸市肥乡区探索红白喜事规
范管理[J].农村·农业·农民,2019(21):48-49.

[31] 郭晓勇,张静,杨鹏.党建引领乡村治理:生成逻辑、价值旨归与优化向
度[J].西北农林科技大学学报(社会科学版),2022,22(5):1-9.

[32] 杨波,袁俊辉.农村基层党组织引领乡村治理:逻辑机理与实践进路[J].
北京农业职业学院学报,2022,36(6):46-51.

[33] 王义娜.百年大党乡村治理的探索实践与基本经验[J].中共济南市委党
校学报,2022(2):89-92.

[34] 孙慧娟.以基层党建引领乡村治理现代化[J].人民论坛,2022(21):65-
67.

[35] 刘宇.党建引领乡村治理的内在逻辑、现实挑战与恰切进路[J].延边党
校学报.2022,38(3):28-32.

[36] 岳奎,张鹏启.新时代党建引领农村基层治理路径探析[J].行政论坛,
2022,29(3):82-89.

[37] 王政.中国共产党领导乡村治理的70年历史进程与经验探索[J].国际
公关,2022(27):154-156.

[38] 宁鑫,傅慧芳.乡村治理现代化进程中农村基层党组织整体功能建设研
究[J].石家庄铁道大学学报(社会科学版),2020,14(3):39-43.

[39] 王璐璐.新时代农村基层党建面临的挑战及对策[J].学习月刊,2021
(11):47-49.

[40] 陈东冬.党建引领基层社会治理:理论依据、现实困境和引领路径[J].湖
南省社会主义学院学报,2021,22(2):79-83.

[41] 石森森,张迪迪,徐祖迎.乡村振兴战略背景下创新乡村治理体系研究
[J].齐齐哈尔大学学报(哲学社会科学版),2022(7):77-80.

[42] 杨毅.新时代构建"三治"融合乡村治理体系的路径研究[J].贵州社会主
义学院学报,2022(3):57-63.

[43] 唐任伍,孟娜,刘洋.关系型社会资本:"新乡贤"对乡村振兴战略实施的
推动[J].治理现代化研究,2021,37(1):36-43.

[44] 李小伟."三治融合"创新农村社会治理体系[J].经济问题,2021(10):95-

103.

［45］ 佚名.头雁领飞众雁随:抚顺市大力实施新时代"三向培养"工程［J］.共产党员(辽宁),2020(20):15-17.

［46］ 李月,王伟进.志愿服务和社会信用相结合:基层治理创新的新路径［J］.中国志愿服务研究,2021,2(1):186-200.

［47］ 马腾.社会主义建设时期毛泽东农业思想研究［D］.太原:山西大学,2012.

［48］ 徐琼辉.马克思主义农业基础地位理论研究［D］.合肥:安徽大学,2010.

［49］ 王国斌.培育更多乡村治理优秀人才［N］.人民日报,2021-07-26(7).